LES
HABITATIONS OUVRIÈRES

EN TOUS PAYS

SITUATION EN 1878. AVENIR.

par

ÉMILE MULLER o. ✻

Ingénieur

Professeur a l'École Centrale des Arts & Manufactures

et a l'École Spéciale d'Architecture

Ancien Président de la Société des Ingénieurs Civils

Architecte des Cités Ouvrières de Mulhouse & autres

et

ÉMILE CACHEUX

Ingénieur des Arts & Manufactures

Propriétaire d'Habitations Ouvrières

Cet Ouvrage a obtenu une Médaille d'Or à l'Exposition Universelle de 1878

J. DEJEY & C.ie IMPRIMEURS - ÉDITEURS

de l'Ecole Centrale des Arts et Manufactures,

de la Société des Anciens Elèves des Ecoles des Arts et Métiers

et de l'Association Polytechnique.

18, Rue de la Perle, 18.

PARIS

1879.

Imp. Auto. Thieffry et Cie 159 r. de Charonne, Paris.

TABLE DES MATIÈRES

DES

PLANCHES

TABLE DES PLANCHES

FRANCE

ALLEMAGNE

HOLLANDE

[illegible]

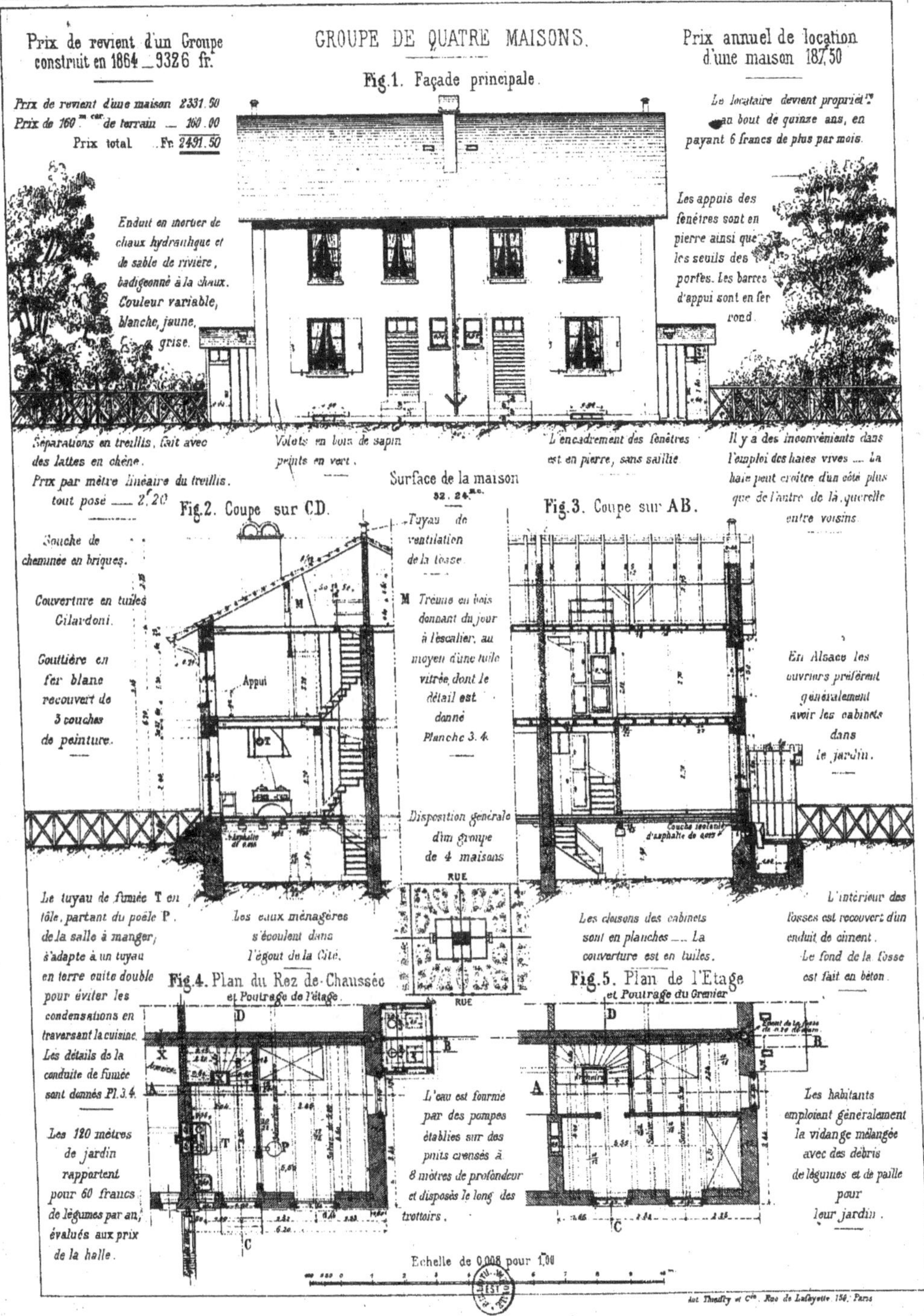

Arch.te Emile Muller
HABITATIONS OUVRIÈRES DE MULHOUSE
Planche N.º 1

Prix de revient d'un Groupe construit en 1864 _ 9326 fr.

GROUPE DE QUATRE MAISONS.

Prix annuel de location d'une maison 187,50

Prix de revient d'une maison 2331.50
Prix de 160 m. car. de terrain _ 160.00
Prix total Fr. 2491.50

Fig.1. Façade principale.

Le locataire devient propriét.re au bout de quinze ans, en payant 6 francs de plus par mois.

Enduit en mortier de chaux hydraulique et de sable de rivière, badigeonné à la chaux. Couleur variable, blanche, jaune, grise.

Les appuis des fenêtres sont en pierre ainsi que les seuils des portes. Les barres d'appui sont en fer rond.

Séparations en treillis, fait avec des lattes en chêne. Prix par mètre linéaire du treillis tout posé _ 2.20

Volets en bois de sapin peints en vert.

Surface de la maison 32.24 mc.

L'encadrement des fenêtres est en pierre, sans saillie.

Il y a des inconvénients dans l'emploi des haies vives _ La haie peut croître d'un côté plus que de l'autre de là, querelle entre voisins.

Souche de cheminée en briques.

Fig.2. Coupe sur CD.

Tuyau de ventilation de la fosse.

Fig.3. Coupe sur AB.

Couverture en tuiles Gilardoni.

Gouttière en fer blanc recouvert de 3 couches de peinture.

M Trémie en bois donnant du jour à l'escalier, au moyen d'une tuile vitrée, dont le détail est donné Planche 3. 4.

En Alsace les ouvriers préfèrent généralement avoir les cabinets dans le jardin.

Appui

Disposition générale d'un groupe de 4 maisons

RUE

Couche isolante d'asphalte de Seys.

Le tuyau de fumée T en tôle, partant du poêle P de la salle à manger, s'adapte à un tuyau en terre cuite double pour éviter les condensations en traversant la cuisine. Les détails de la conduite de fumée sont donnés Pl. 3. 4.

Les eaux ménagères s'écoulent dans l'égout de la Cité.

RUE

Les cloisons des cabinets sont en planches _ La couverture est en tuiles.

L'intérieur des fosses est recouvert d'un enduit de ciment. Le fond de la fosse est fait en béton.

Fig.4. Plan du Rez de Chaussée et Poutrage de l'étage.

Fig.5. Plan de l'Etage et Poutrage du Grenier

Les 120 mètres de jardin rapportent pour 60 francs de légumes par an, évalués aux prix de la halle.

L'eau est fournie par des pompes établies sur des puits creusés à 8 mètres de profondeur et disposés le long des trottoirs.

Les habitants emploient généralement la vidange mélangée avec des débris de légumes et de paille pour leur jardin.

Echelle de 0.008 pour 1.00

Imp. Thudry et C.ie, Rue de Lafayette, 150, Paris

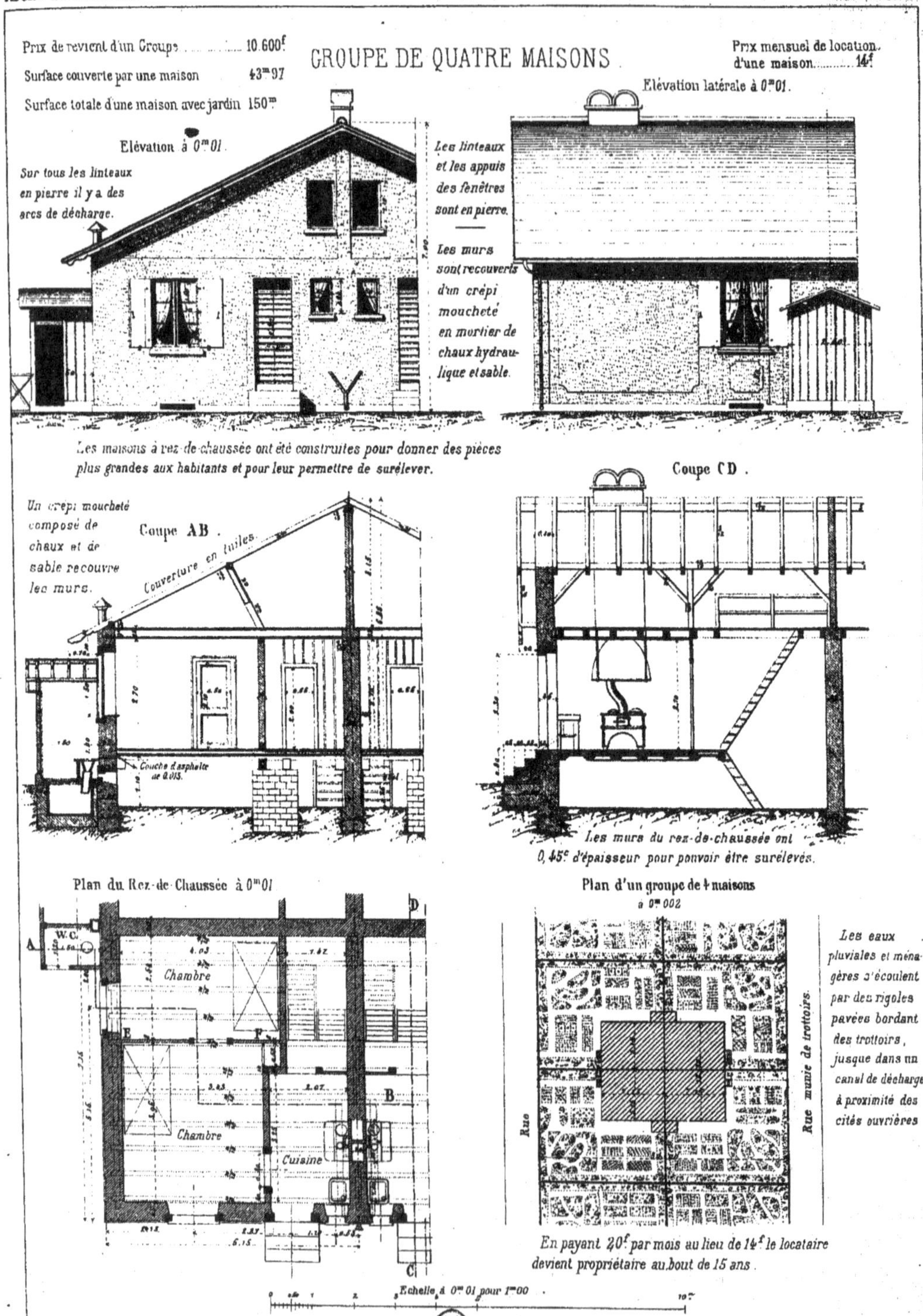
GROUPE DE QUATRE MAISONS

Prix de revient d'un Groupe 10.600.f
Surface couverte par une maison   43.m 97
Surface totale d'une maison avec jardin 150.m

Prix mensuel de location.
d'une maison 14.f

Elévation latérale à 0.m 01.

Elévation à 0.m 01.

Sur tous les linteaux
en pierre il y a des
arcs de décharge.

Les linteaux
et les appuis
des fenêtres
sont en pierre.

Les murs
sont recouverts
d'un crépi
moucheté
en mortier de
chaux hydrau-
lique et sable.

Les maisons à rez-de-chaussée ont été construites pour donner des pièces
plus grandes aux habitants et pour leur permettre de surélever.

Coupe CD.

Un crépi moucheté
composé de
chaux et de
sable recouvre
les murs.

Coupe AB.

Couverture en tuiles.

Couche d'asphalte
de 0.015.

Les murs du rez-de-chaussée ont
0,45.c d'épaisseur pour pouvoir être surélevés.

Plan du Rez-de-Chaussée à 0.m 01

W.C.

Chambre

Chambre

Cuisine

Plan d'un groupe de 4 maisons
à 0.m 002

Rue

Rue munie de trottoirs.

Les eaux
pluviales et ména-
gères s'écoulent
par des rigoles
pavées bordant
des trottoirs,
jusque dans un
canal de décharge
à proximité des
cités ouvrières

En payant 20.f par mois au lieu de 14.f le locataire
devient propriétaire au bout de 15 ans.

Echelle à 0.m 01 pour 1.m 00.

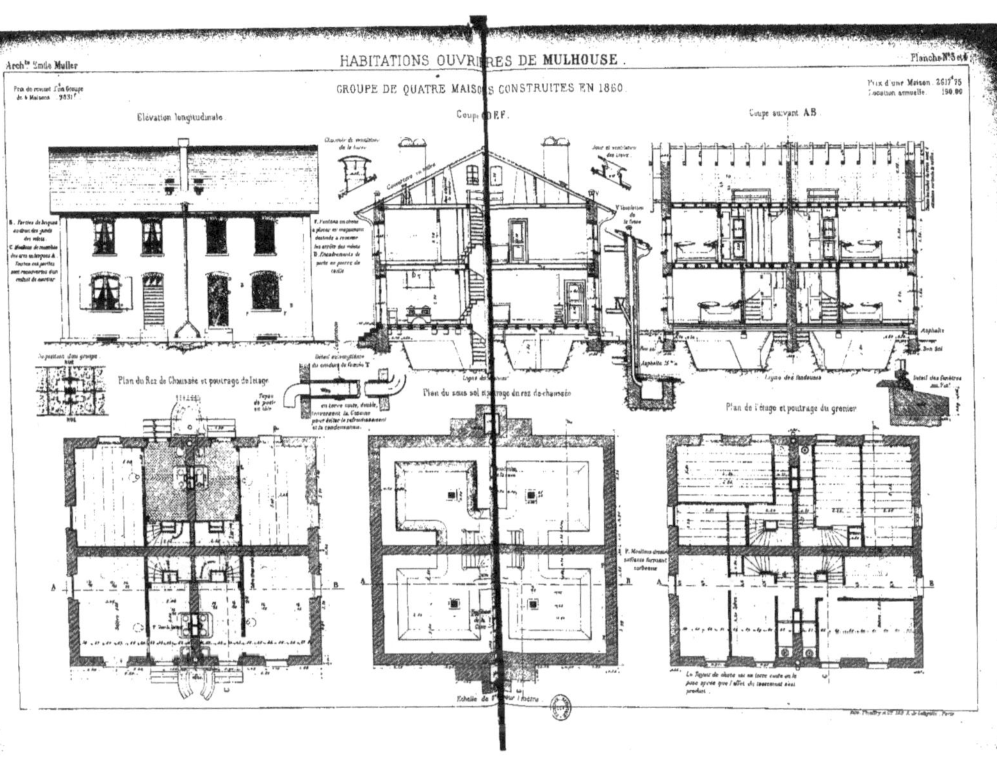

Arch.te Emile Muller
HABITATIONS OUVRIÈRES DE MULHOUSE.
Planche N.º 3 et 4
GROUPE DE QUATRE MAISONS CONSTRUITES EN 1860.
Prix de revient d'un Groupe de 4 Maisons. 9831.f
Prix d'une Maison. 2617.f75
Location annuelle. 150.00
Élévation longitudinale.
Coupe CDEF.
Coupe suivant AB.
Plan du Rez de Chaussée et poutrage de l'étage
Plan du sous sol et poutrage du rez de chaussée
Plan de l'étage et poutrage du grenier

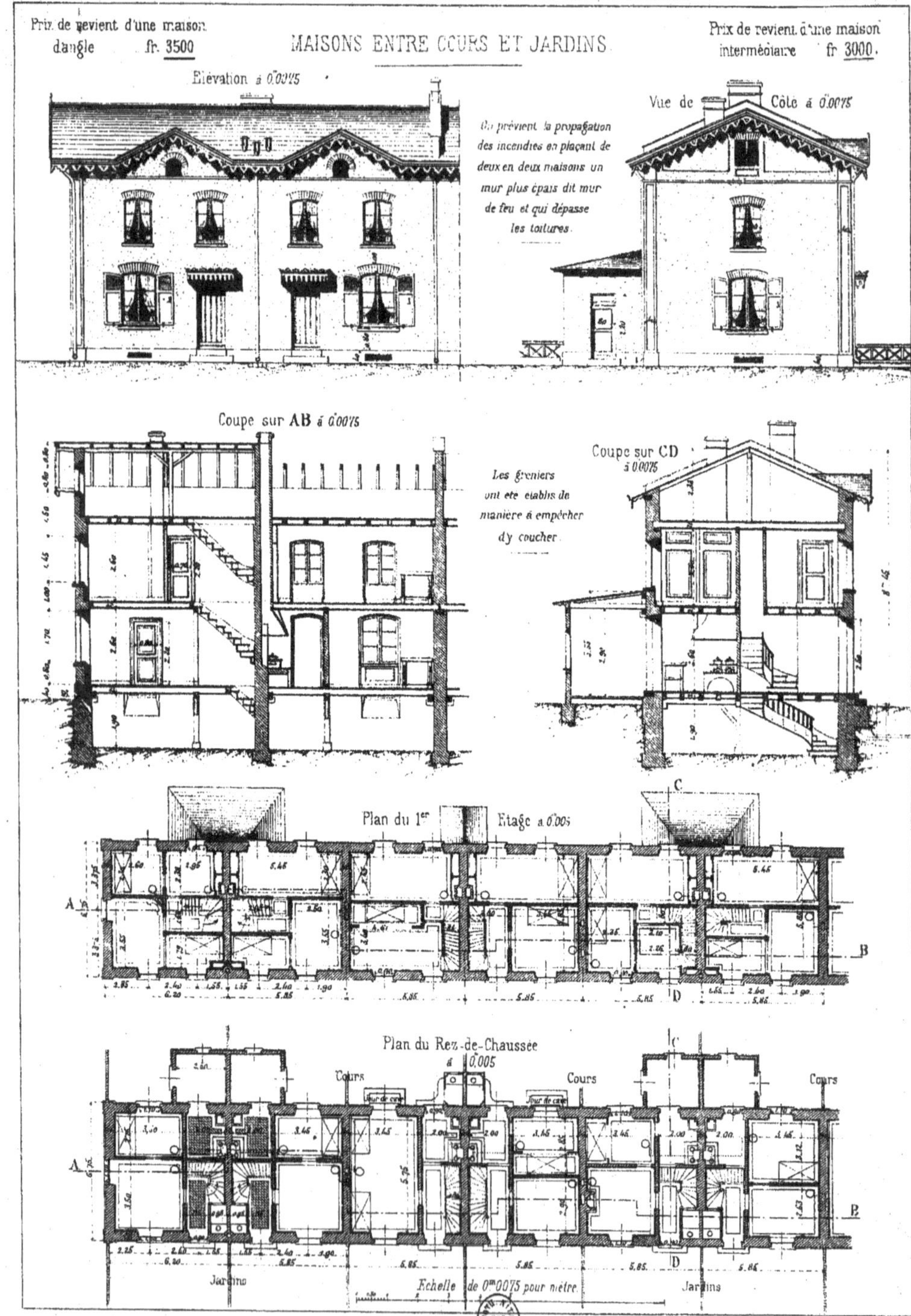
Prix de revient d'une maison
d'angle   fr. 3500
MAISONS ENTRE COURS ET JARDINS
Prix de revient d'une maison
intermédiaire   fr. 3000
Élévation à 0ᵐ0075
Vue de Côté à 0ᵐ0075
On prévient la propagation
des incendies en plaçant de
deux en deux maisons un
mur plus épais dit mur
de feu et qui dépasse
les toitures.
Coupe sur AB à 0ᵐ0075
Coupe sur CD
à 0ᵐ0075
Les greniers
ont été établis de
manière à empêcher
d'y coucher.
Plan du 1ᵉʳ Étage à 0ᵐ005
Plan du Rez-de-Chaussée
à 0ᵐ005
Cours
Cours
Cours
Jardins
Jardins
Échelle de 0ᵐ0075 pour mètre.

GROUPE DE VINGT MAISONS ADOSSÉES
DISPOSÉES EN LIGNE .

Prix de revient d'une maison d'angle   2150.f
Prix de revient d'une maison intermé.re   1850.f
Les maisons exposées au Midi sont vendues
200.f plus cher que les autres .

Les prix de vente sont composés du prix de
revient, augmenté de la valeur du sol, valant 1.f
le m.e et d'une somme variable pour compenser
les frais d'administration .

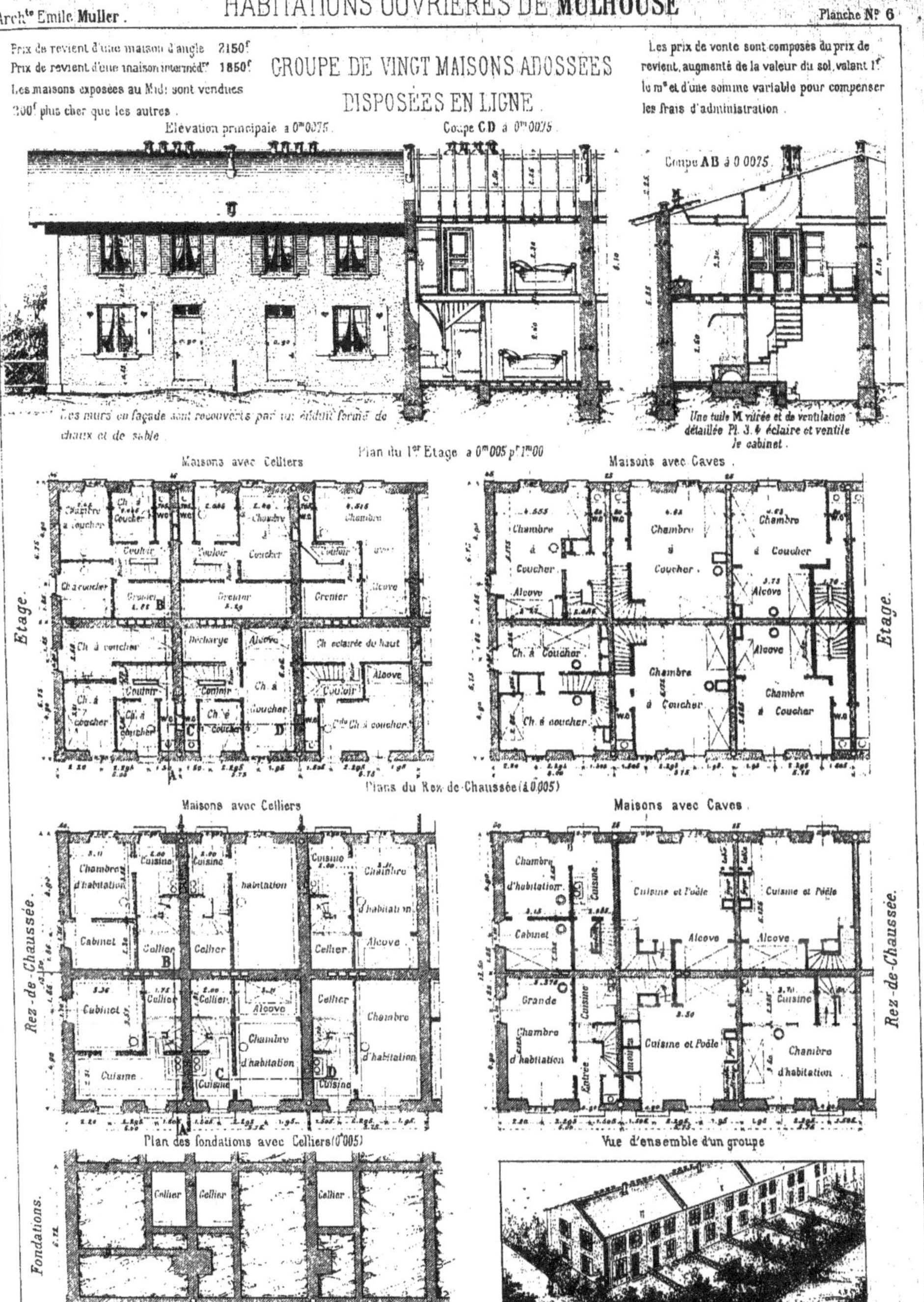

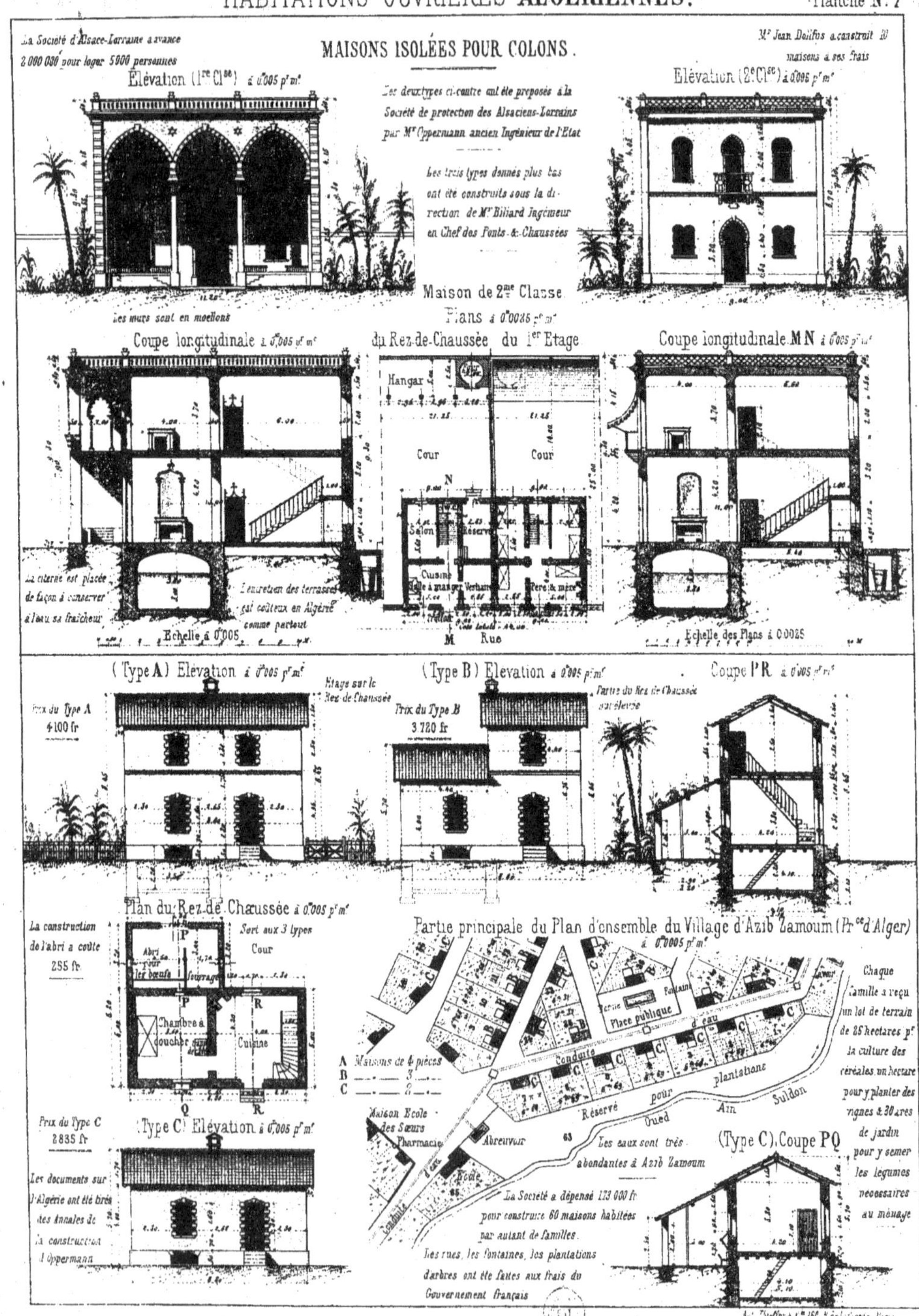
MAISONS ISOLÉES POUR COLONS.
La Société d'Alsace-Lorraine a avancé 2 000 000 pour loger 5000 personnes
M.r Jean Dollfus a construit 10 maisons à ses frais
Élévation (1.re Cl.se) à 0.005 p.r m.t
Élévation (2.e Cl.se) à 0.005 p.r m.t
Les deux types ci-contre ont été proposés à la Société de protection des Alsaciens-Lorrains par M.r Oppermann ancien Ingénieur de l'Etat
Les trois types donnés plus bas ont été construits sous la direction de M.r Billard Ingénieur en Chef des Ponts & Chaussées
Les murs sont en moellons
Maison de 2.me Classe
Coupe longitudinale à 0.005 p.r m.t
Plans à 0.0025 p.r m.t
du Rez-de-Chaussée   du 1.er Etage
Coupe longitudinale MN à 0.005 p.r m.t
Hangar
Cour   Cour
N
Salon   Réserve
Cuisine   Salle à manger   Vestibule   Père & mère
La citerne est placée de façon à conserver à l'eau sa fraîcheur
L'entretien des terrasses est coûteux en Algérie comme partout
Echelle à 0.005
M   Rue
Echelle des Plans à 0.0025
(Type A) Élévation à 0.005 p.r m.t
Prix du Type A 4.100 fr
Etage sur le Rez-de-Chaussée
(Type B) Élévation à 0.005 p.r m.t
Prix du Type B 3.720 fr
Partie du Rez de Chaussée surélevé
Coupe PR à 0.005 p.r m.t
La construction de l'abri a coûté 295 fr
Plan du Rez-de-Chaussée à 0.005 p.r m.t
Sert aux 3 types
Abri pour les bœufs   Fourrage   Cour
P   P
Chambre à coucher   Cuisine
Q   R
Prix du Type C 2.835 fr
(Type C) Élévation à 0.005 p.r m.t
Partie principale du Plan d'ensemble du Village d'Azib Zamoum (Pr.ce d'Alger) à 0.0005 p.r m.t
Place Publique   Fontaine
Conduits   d'eau
Réservé   pour   plantations
Oued   Ain   Suldon
A   Maisons de 4 pièces
B   ———   3   —
C   ———   2   —
Maison Ecole des Sœurs
Pharmacie
Abreuvoir
Ecole
Les eaux sont très abondantes à Azib Zamoum
Chaque famille a reçu un lot de terrain de 25 hectares p.r la culture des céréales un hectare pour y planter des vignes & 30 ares de jardin pour y semer les légumes nécessaires au ménage
(Type C) Coupe PQ
Les documents sur l'Algérie ont été tirés des Annales de la construction d'Oppermann
La Société a dépensé 173 000 fr pour construire 60 maisons habitées par autant de familles. Les rues, les fontaines, les plantations d'arbres ont été faites aux frais du Gouvernement français

GROUPE DE DEUX MAISONS

Prix de revient d'une maison 3200.ᶠ avec dépendances
Prix du terrain ...... 445.
Prix total 3645ᶠ

Prix annuel de location 72.ᶠ
Charges 36ᶠ
Revenu net 36ᶠ

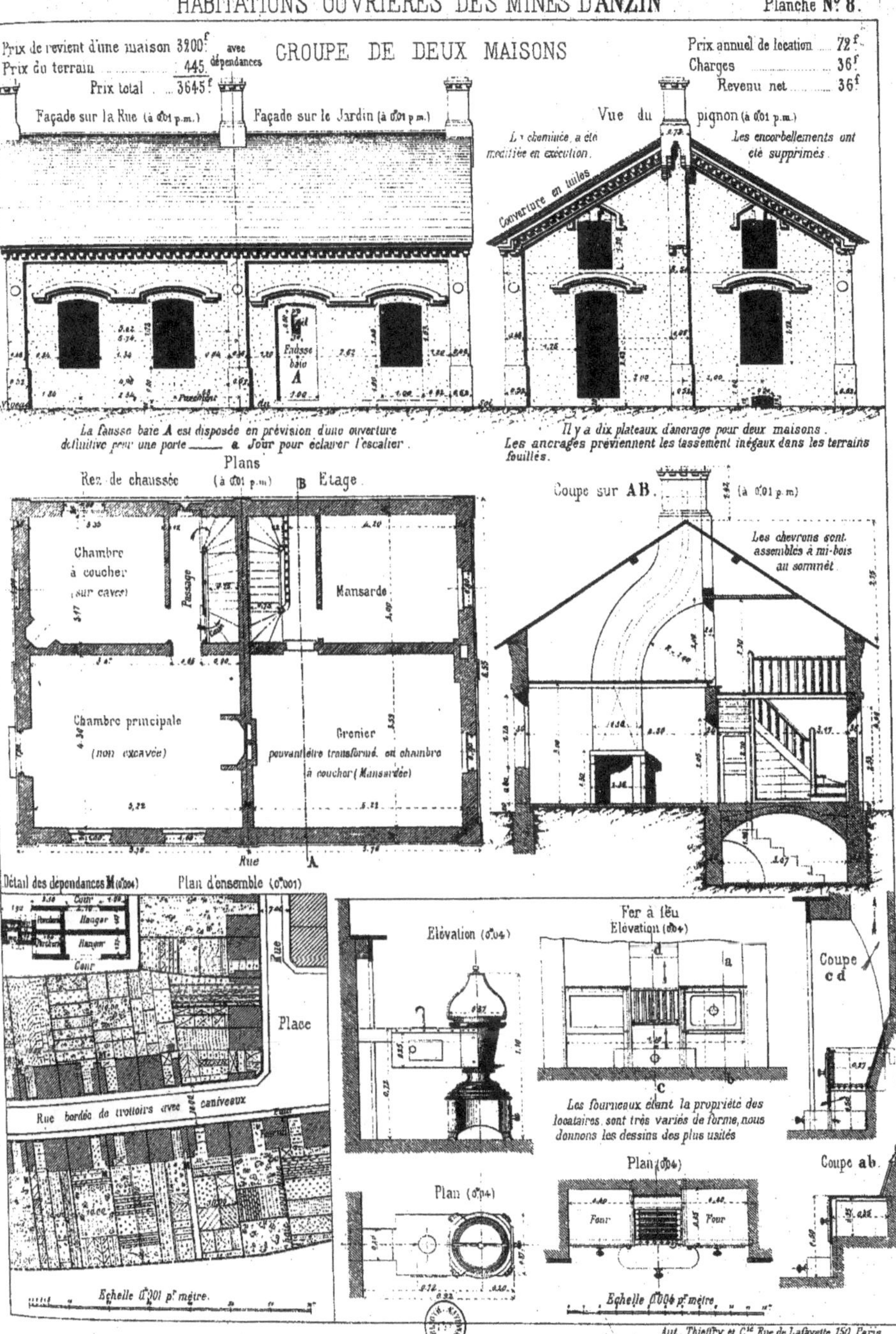

Façade sur la Rue (à 0ᵐ01 p.m.) Façade sur le Jardin (à 0ᵐ01 p.m.) Vue du pignon (à 0ᵐ01 p.m.)

La cheminée a été modifiée en exécution.
Les encorbellements ont été supprimés.
Couverture en tuiles

La fausse baie A est disposée en prévision d'une ouverture définitive pour une porte — & Jour pour éclairer l'escalier.

Il y a dix plateaux d'ancrage pour deux maisons.
Les ancrages préviennent les tassements inégaux dans les terrains fouillés.

Plans
Rez de chaussée (à 0ᵐ01 p.m.) Étage.
Chambre à coucher (sur caves) Passage Mansarde
Chambre principale (non excavée) Grenier pouvant être transformé en chambre à coucher (Mansardée)
Œil de Fausse baie A
Rue

Coupe sur AB. (à 0ᵐ01 p.m.)
Les chevrons sont assemblés à mi-bois au sommet.

Détail des dépendances M (0ᵐ004) Plan d'ensemble (0ᵐ001)
Cour Bûcher Hangar Cour Rue Place
Rue bordée de trottoirs avec caniveaux

Élévation (0ᵐ04)

Fer à feu
Élévation (0ᵐ04)
Les fourneaux étant la propriété des locataires, sont très variés de forme, nous donnons les dessins des plus usités

Coupe c d
Four Four
Plan (0ᵐ04)
Coupe ab.

Plan (0ᵐ04)

Échelle d'0ᵐ01 p.ʳ mètre. Échelle 0ᵐ004 p.ʳ mètre.

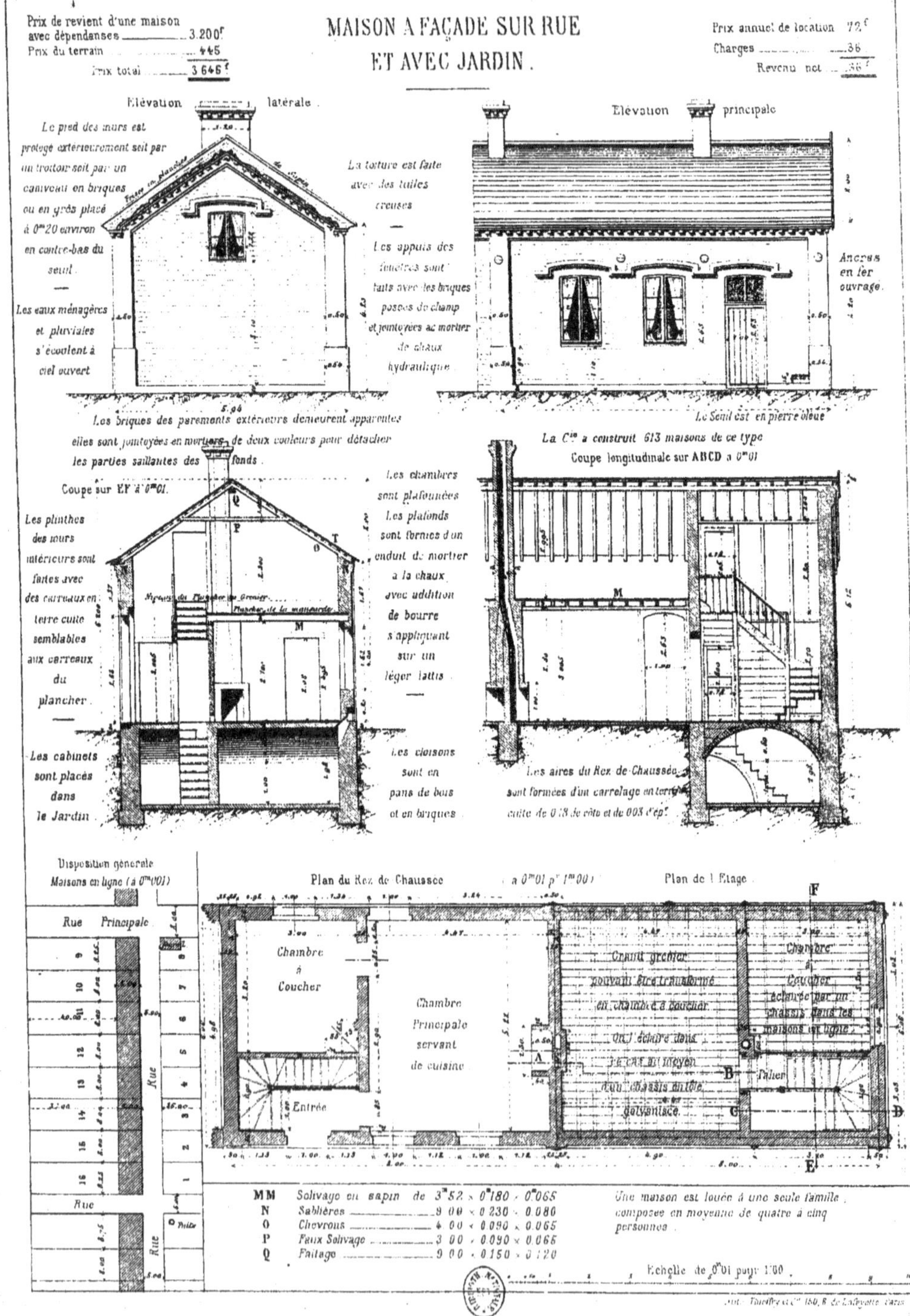

HABITATIONS OUVRIÈRES D'ANZIN
Planche N° 9.
MAISON A FAÇADE SUR RUE
ET AVEC JARDIN.
Prix de revient d'une maison avec dépendanses ___ 3.200f
Prix du terrain ___ 445
Prix total ___ 3.645f
Prix annuel de location ___ 72f
Charges ___ 36
Revenu net ___ 36f
Élévation latérale.
Élévation principale
Le pied des murs est protégé extérieurement soit par un trottoir soit par un caniveau en briques ou en grès placé à 0m20 environ en contre-bas du seuil.
Les eaux ménagères et pluviales s'écoulent à ciel ouvert
La toiture est faite avec des tuiles creuses
Les appuis des fenêtres sont faits avec les briques posées de champ et jointoyées au mortier de chaux hydraulique
Ancres en fer ouvragé.
Les briques des parements extérieurs demeurent apparentes elles sont jointoyées en mortiers de deux couleurs pour détacher les parties saillantes des fonds.
Le Seuil est en pierre bleue
Coupe sur EF à 0m01.
La Cie a construit 613 maisons de ce type
Coupe longitudinale sur ABCD à 0m01
Les plinthes des murs intérieurs sont faites avec des carreaux en terre cuite semblables aux carreaux du plancher.
Les chambres sont plafonnées
Les plafonds sont formés d'un enduit de mortier à la chaux avec addition de bourre s'appliquant sur un léger lattis
Les cabinets sont placés dans le Jardin
Les cloisons sont en pans de bois et en briques
Les aires du Rez-de-Chaussée sont formées d'un carrelage en terre cuite de 0.13 de côté et de 003 d'ép.
Disposition générale
Maisons en ligne (à 0m001)
Rue Principale
Rue
Plan du Rez de Chaussée
à 0m01 pr 1m00
Plan de 1 Étage
Chambre à Coucher
Chambre Principale servant de cuisine
Entrée
Grand grenier pouvant être transformé en chambre à coucher on l'éclaire dans ce cas au moyen d'un châssis en tôle galvanisée.
Chambre à Coucher éclairée par un châssis dans les maisons en ligne
Palier
MM   Solivage en sapin   de 3m52 × 0m180 − 0m065
N   Sablières ___ 9 00 × 0 230 − 0 080
O   Chevrons ___ 4 00 × 0.090 × 0.065
P   Faux Solivage ___ 3 00 × 0.090 × 0.065
Q   Faitage ___ 9 00 × 0.150 × 0.120
Une maison est louée à une seule famille composée en moyenne de quatre à cinq personnes
Echelle de 0m01 pour 1m00

MAISONS ADOSSÉES ET DISPOSÉES EN FILES CONTINUES.

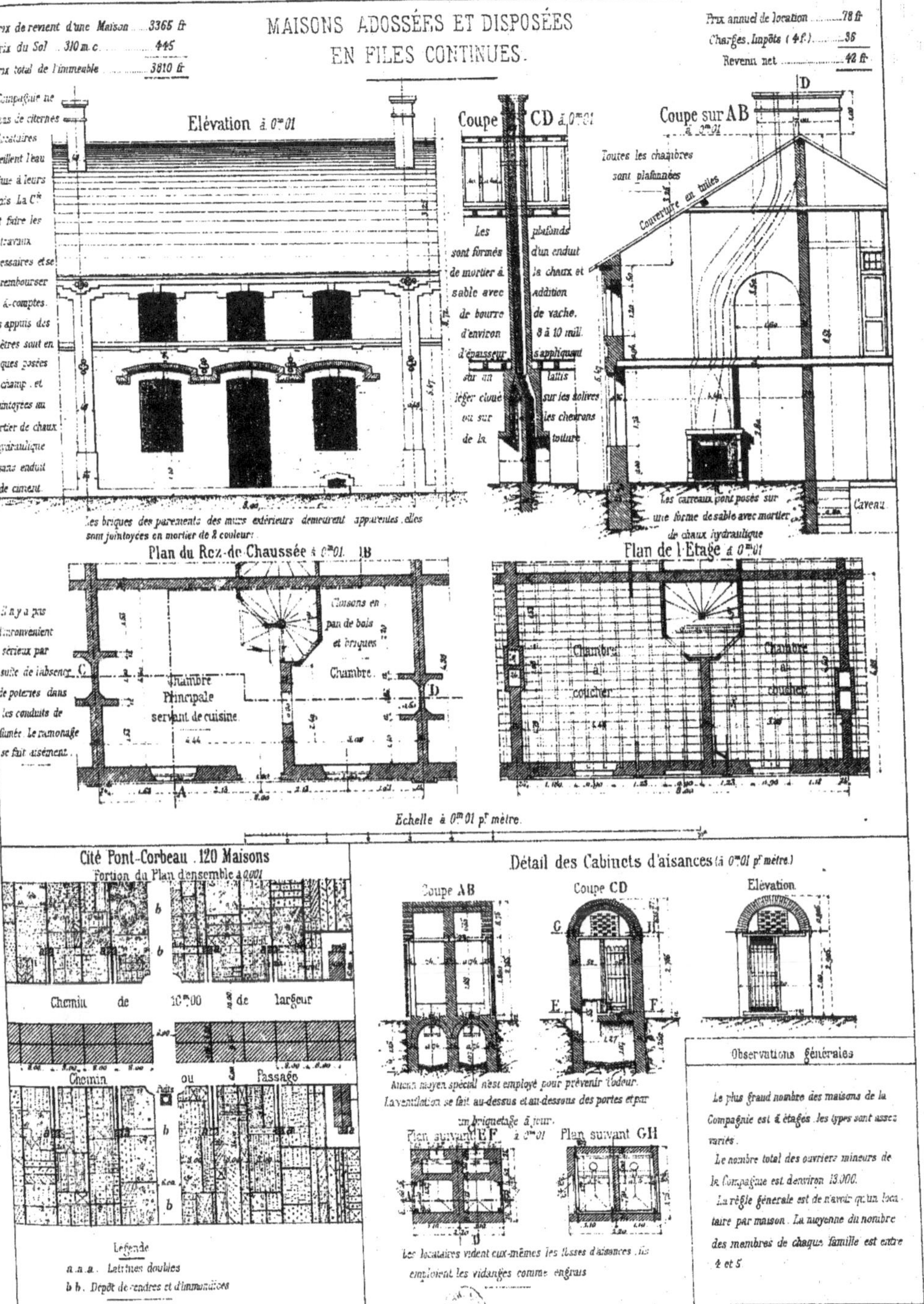

Imp. Thierry et C.ie R. de Lanneuze, 50 Paris

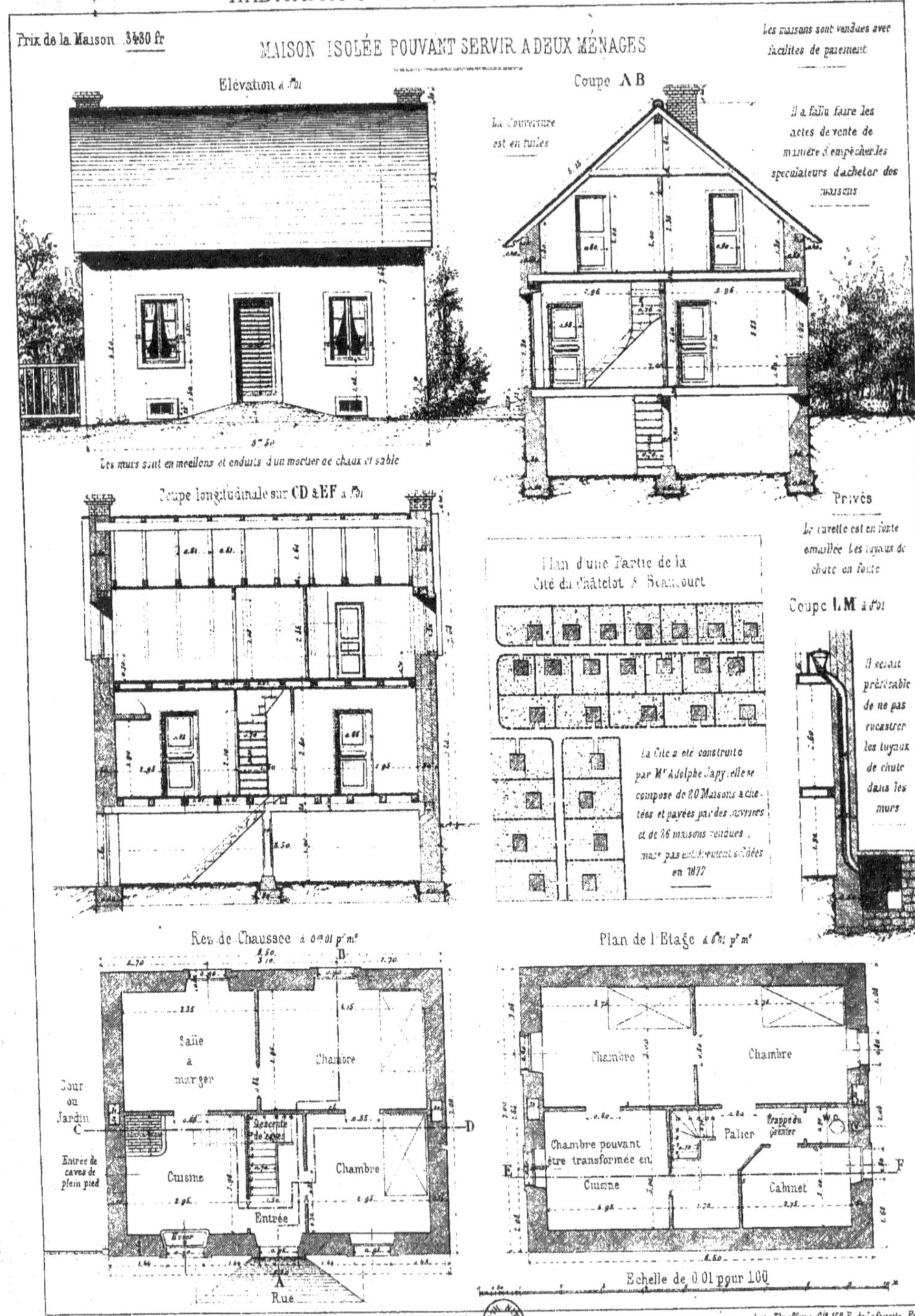
Prix de la Maison. 3480 fr
Les maisons sont vendues avec facilités de paiement
MAISON ISOLÉE POUVANT SERVIR A DEUX MÉNAGES
Élévation
Coupe AB
La couverture est en tuiles
Il a fallu faire les actes de vente de manière à empêcher les spéculateurs d'acheter des maisons
Les murs sont en moellons et enduits d'un mortier de chaux et sable
Coupe longitudinale sur CD & EF
Plan d'une Partie de la Cité du Châtelot à Beaucourt
Privés
La cuvette est en fonte émaillée Les tuyaux de chute en fonte
Coupe LM
Il serait préférable de ne pas encastrer les tuyaux de chute dans les murs
La Cité a été construite par Mr Adolphe Japy; elle se compose de 20 Maisons achetées et payées par des ouvriers et de 26 maisons vendues, mais pas entièrement soldées en 1877
Rez-de-Chaussée
Salle à manger
Chambre
Cour ou Jardin
Entrée de caves de plein pied
Cuisine
Chambre
Entrée
Rue
Plan de l'Étage
Chambre
Chambre
Chambre pouvant être transformée en Cuisine
Palier
Trappe du grenier
Cabinet
Echelle de 0.01 pour 100
Imp. Thieffry & Cie 150. R. de Lafayette. Paris

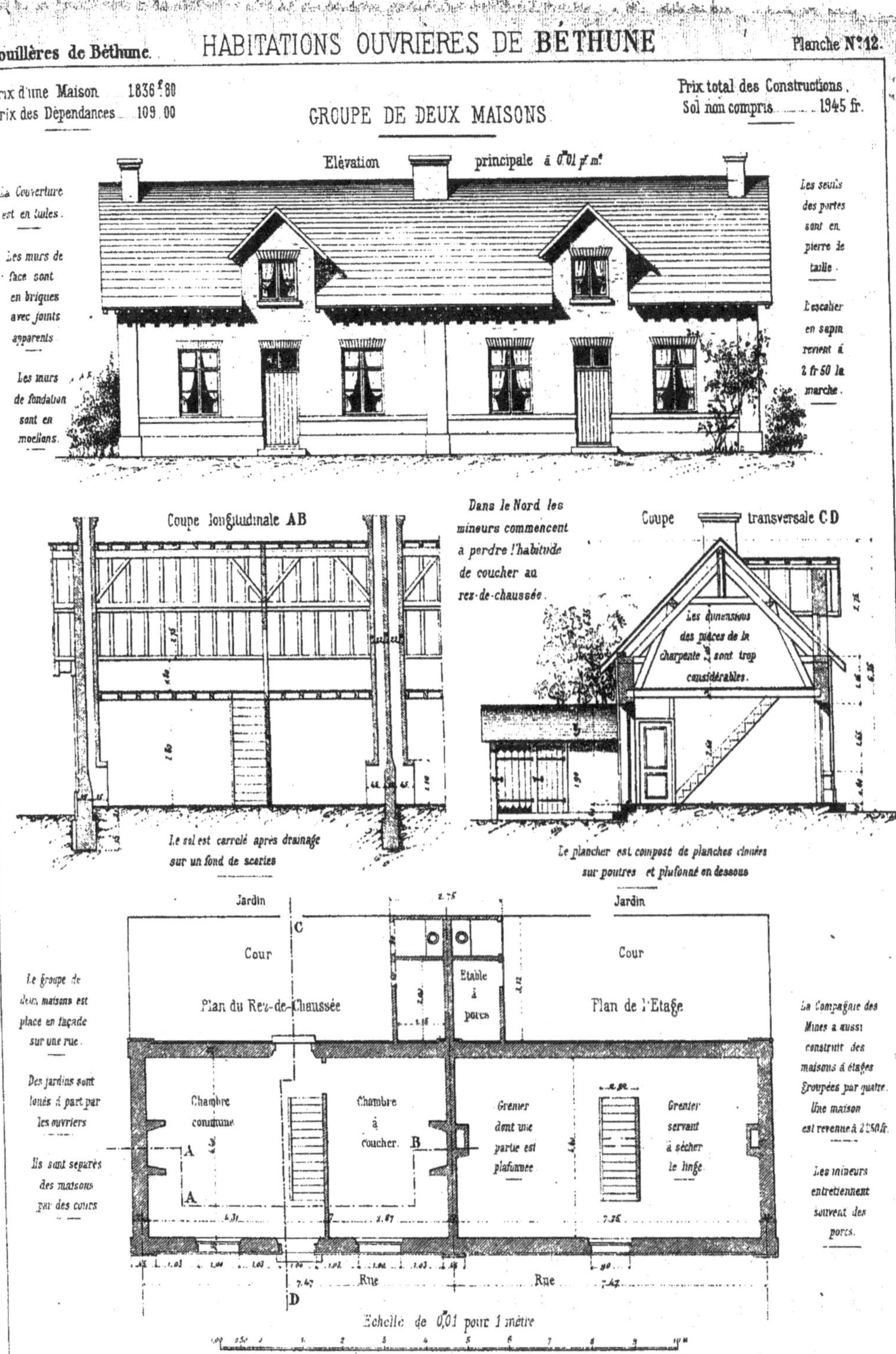

Houillères de Béthune.
HABITATIONS OUVRIÈRES DE BÉTHUNE
Planche N°12.
Prix d'une Maison ... 1836 f 80
Prix des Dépendances ... 109.00
Prix total des Constructions.
Sol non compris .... 1945 fr.
GROUPE DE DEUX MAISONS
Élévation principale à 0.01 p. m.
La Couverture est en tuiles.
Les murs de face sont en briques avec joints apparents
Les murs de fondation sont en moëlions.
Les seuils des portes sont en pierre de taille
L'escalier en sapin revient à 2 fr 50 la marche.
Coupe longitudinale AB
Dans le Nord les mineurs commencent à perdre l'habitude de coucher au rez-de-chaussée.
Coupe transversale CD
Les dimensions des pièces de la charpente sont trop considérables.
Le sol est carrelé après drainage sur un fond de scories
Le plancher est composé de planches clouées sur poutres et plafonné en dessous
Jardin
Cour
Plan du Rez-de-Chaussée
Étable à porcs
Jardin
Cour
Plan de l'Étage
Le groupe de deux maisons est placé en façade sur une rue.
Des jardins sont loués à part par les ouvriers
Ils sont séparés des maisons par des cours
Chambre commune
Chambre à coucher
Grenier dont une partie est plafonnée
Grenier servant à sécher le linge.
La Compagnie des Mines a aussi construit des maisons à étages groupées par quatre.
Une maison est revenue à 2250 fr.
Les mineurs entretiennent souvent des porcs.
Rue
Rue
Échelle de 0.01 pour 1 mètre

GROUPES DE DEUX MAISONS

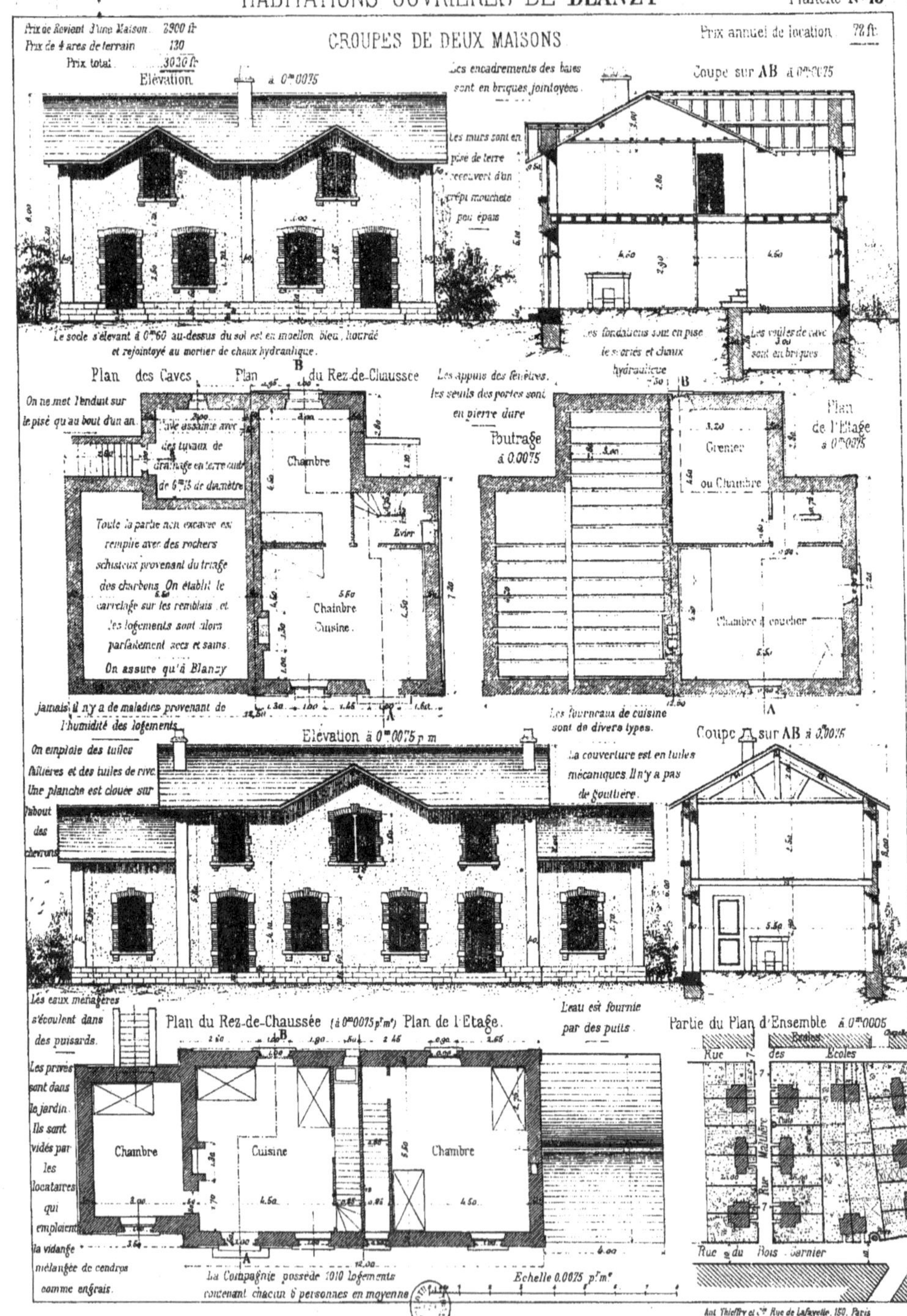

Prix de la Maison . . . . . 1800 fr
Sol, frais de route 600
Prix de vente . . . . . 2.400 fr
Cette somme peut être payée
par annuités de 200 fr.
pendant 12 ans.
Les ouvriers louent des
champs attenant à leurs
maisons.

MAISON ISOLÉE DE LA CITÉ Ste MARIE.

La Compagnie de Decize a vendu
tous ses droits d'exploitation et
tout son matériel au Creusot.

Élévation à 0.01 p. m.

La couverture est en tuiles.

Façade latérale

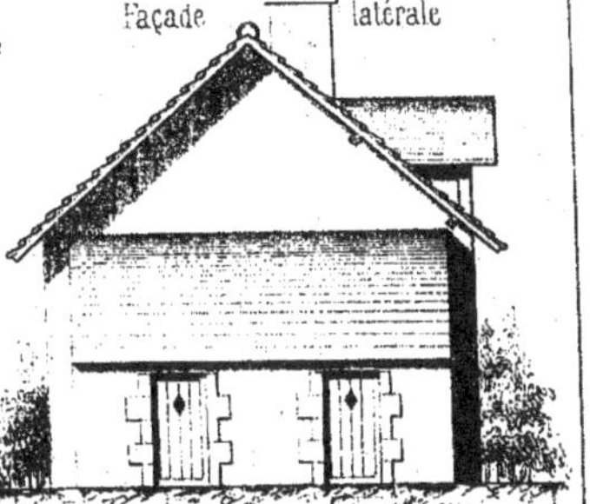

Les murs sont en pierres, et ils sont
recouverts d'un enduit.
Les encadrements des portes et des fenêtres
sont en grès. Le sol est carrelé.

Les carreaux sont placés sur une couche d'escarbilles. Les
éviers sont en pierres, des tuyaux en plomb amènent les eaux
ménagères au dehors. Les cabinets sont en planches & placés
dans le jardin. Un lavoir des crèches et une salle d'asile font partie
de la Cité et sont la propriété de la Compagnie.

Coupe AB

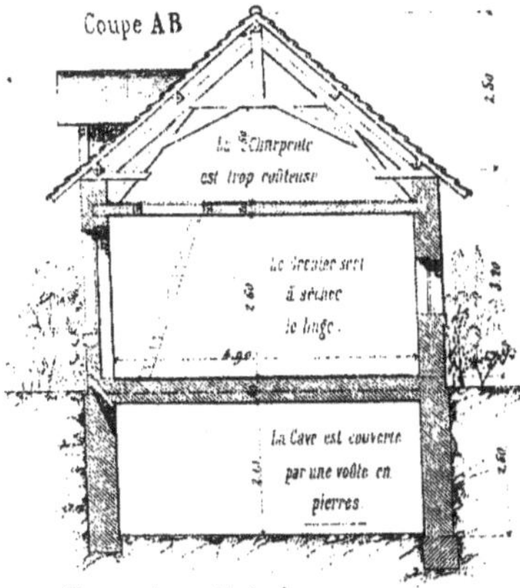

La charpente
est trop coûteuse

Le grenier sert
à sécher
le linge.

La cave est couverte
par une voûte en
pierres

Plan

130 Maisons ont été construites mais on ne les vend plus aux locataires.
Il y établissaient des magasins et des auberges où les loue 15 fr.
mais les ouvriers construisent généralement leurs habitations avec les avances faites par la société du Creusot.

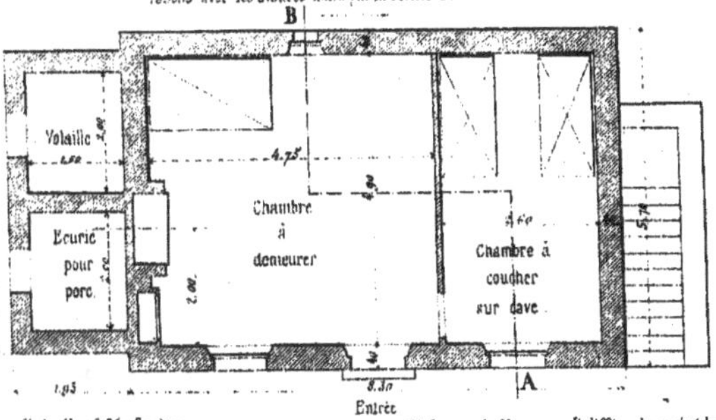

Volaille — Écurie pour porc — Chambre à demeurer — Chambre à coucher sur cave — Entrée

Echelle 0.01 p. mètre.

Plan d'une partie de la Cité Ste Marie.

Rue Basse — Place Ste Marie — Rue Basse — Rue Traversière — Jardin — Jardin potager

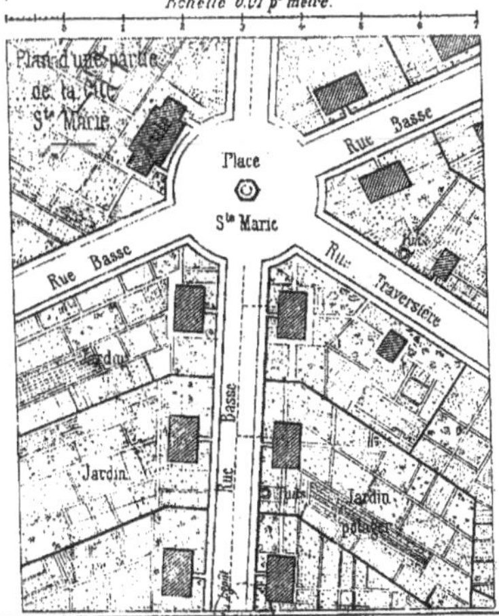

Observations générales sur les maisons du Creusot.

Les Habitations ouvrières du Creusot, présentent
une très grande variété. Le système des casernes
n'a pas réussi. L'ouvrier travaillant la nuit,
aime à se reposer pendant le jour. Le système
des maisons isolées a prévalu. Les ouvriers
n'aiment pas l'uniformité. Ils tiennent, à ce que
leurs habitations isolées soient différentes les
unes des autres, et à des logements dont les
pièces sont au même étage. Le Creusot a exécuté
plusieurs types pour répondre à ces diverses conditions.
Parmi ces types, non figurés on remarque:
1° Le type de Laissey à un étage a coûté 6.300 fr.,
le terrain a été payé 2 fr. le mètre. Chaque
maison comprend 8 pièces affectées au logement de 4 ménages, chaque logement est
composé de 2 pièces placées sur le même
palier et à son entrée indépendante. Chaque
locataire a droit à 150 mètres de jardin.

2e Le type de Moxenay. Il diffère du précédent
par les escaliers menant à l'étage et qui
sont extérieurs. Il se compose de 4
logements de deux pièces chacun.
Le prix mensuel de location d'un logement
de ce type est de 7 francs, quel que soit l'étage.
Le prix du loyer du type de Laissey est de 7 f. par mois au
rez-de-chaussée et de 6 francs au premier.

Les Ouvriers préfèrent les rez-de-chaussée
pour y établir des boutiques.

Les rues sont munies de trottoirs, faits avec
des escarbilles de forge, mélangées de pierraille
et garnis de bordures en granit.

Les eaux pluviales s'écoulent dans des caniveaux.

Un égout formé d'un tuyau en terre cuite traverse
le milieu de la chaussée. Des conduits particuliers y
amènent les eaux ménagères et les eaux de drainage.

Le Creusot avait en 1836, 2700 habitants.
___ d° ___ d° 1878, 26.400.
Cette commune est devenue la plus populeuse
de Saône-et-Loire.

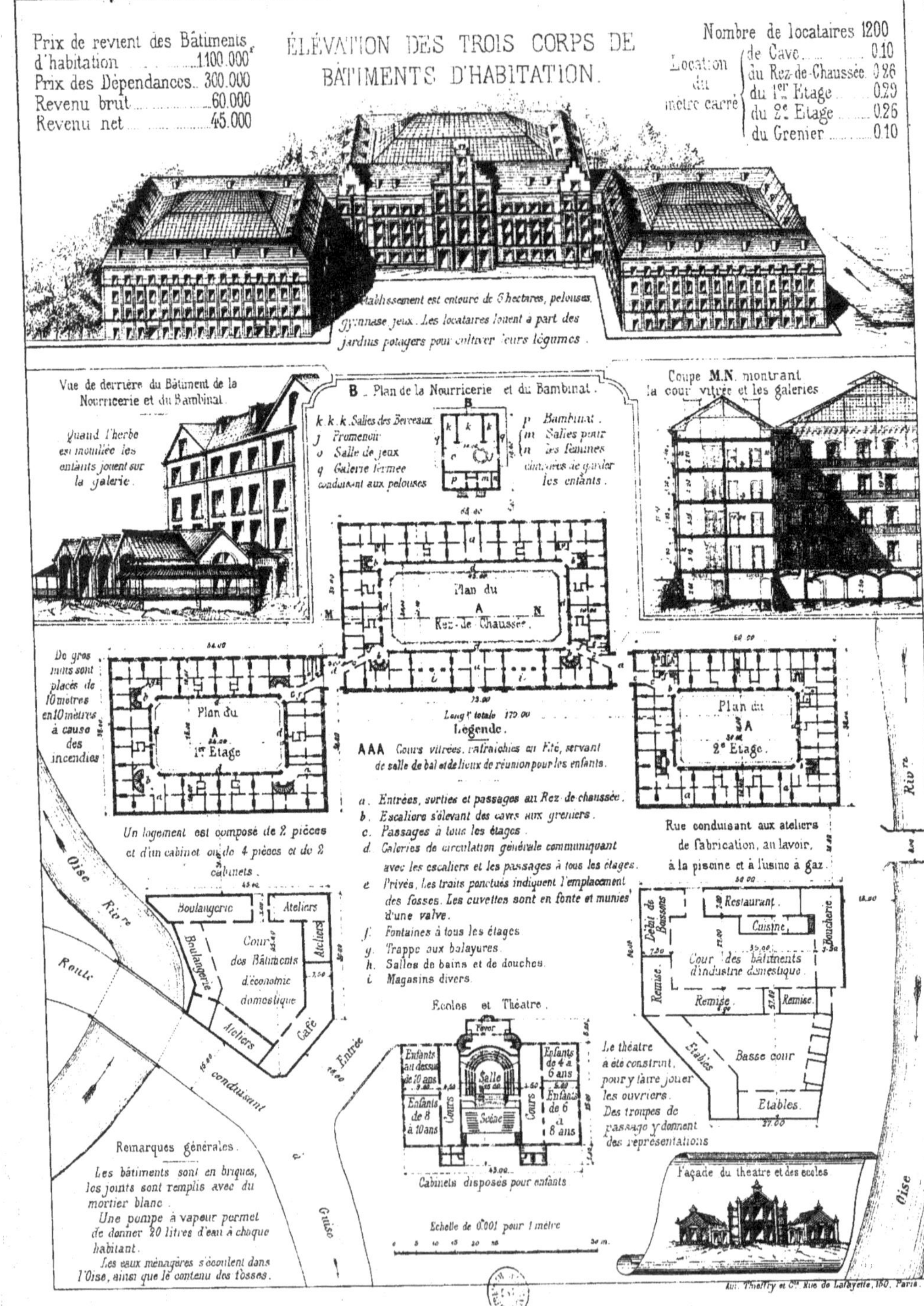

Arch.te M.r Godin.
FAMILISTÈRE DE GUISE (AISNE)
Planche N.o 15.
Prix de revient des Bâtiments d'habitation 1100.000
Prix des Dépendances. 300.000
Revenu brut 60.000
Revenu net 45.000
ÉLÉVATION DES TROIS CORPS DE BATIMENTS D'HABITATION.
Nombre de locataires 1200
Location du mètre carré
de Cave 0.10
du Rez-de-Chaussée 0.26
du 1.er Étage 0.29
du 2.e Étage 0.26
du Grenier 0.10
L'établissement est entouré de 6 hectares, pelouses, gymnase jeux. Les locataires louent à part des jardins potagers pour cultiver leurs légumes.
Vue de derrière du Bâtiment de la Nourricerie et du Bambinat.
Quand l'herbe est mouillée les enfants jouent sur la galerie.
B. Plan de la Nourricerie et du Bambinat.
k. k. k. Salles des Berceaux
j Promenoir
o Salle de jeux
q Galerie fermée conduisant aux pelouses
p Bambinat.
m Salles pour les femmes chargées de garder les enfants.
Coupe M.N. montrant la cour vitrée et les galeries
Plan du A Rez-de-Chaussée.
Plan du A 1.er Étage
De gros murs sont placés de 10 mètres en 10 mètres à cause des incendies
Un logement est composé de 2 pièces et d'un cabinet ou de 4 pièces et de 2 cabinets.
Long.r totale 170.00
Légende.
AAA Cours vitrées, rafraîchies en Été, servant de salle de bal et de lieux de réunion pour les enfants.
a. Entrées, sorties et passages au Rez-de-chaussée.
b. Escaliers s'élevant des caves aux greniers.
c. Passages à tous les étages.
d. Galeries de circulation générale communiquant avec les escaliers et les passages à tous les étages.
e. Privés. Les traits ponctués indiquent l'emplacement des fosses. Les cuvettes sont en fonte et munies d'une valve.
f. Fontaines à tous les étages
g. Trappe aux balayures.
h. Salles de bains et de douches.
i. Magasins divers.
Plan du A 2.e Étage.
Rue conduisant aux ateliers de fabrication, au lavoir, à la piscine et à l'usine à gaz.
Oise Rivière
Route
Boulangerie
Ateliers
Cour des Bâtiments d'économie domestique
Café
Entrée
Guise
conduisant
Débit de Boissons
Remise
Restaurant.
Cuisine
Boucherie
Cour des bâtiments d'industrie domestique
Remise
Etables
Basse cour
Etables.
Écoles et Théâtre.
Foyer
Enfants au dessus de 10 ans
Enfants de 8 à 10 ans
Salle
Scène
Cours
Enfants de 4 à 6 ans
Enfants de 6 à 8 ans
Le théâtre a été construit pour y faire jouer les ouvriers. Des troupes de passage y donnent des représentations
Cabinets disposés pour enfants
Remarques générales.
Les bâtiments sont en briques, les joints sont remplis avec du mortier blanc.
Une pompe à vapeur permet de donner 20 litres d'eau à chaque habitant.
Les eaux ménagères s'écoulent dans l'Oise, ainsi que le contenu des fosses.
Échelle de 0.001 pour 1 mètre
Façade du théâtre et des écoles
Imp. Thierry et C.ie Rue de Lafayette, 150. Paris.

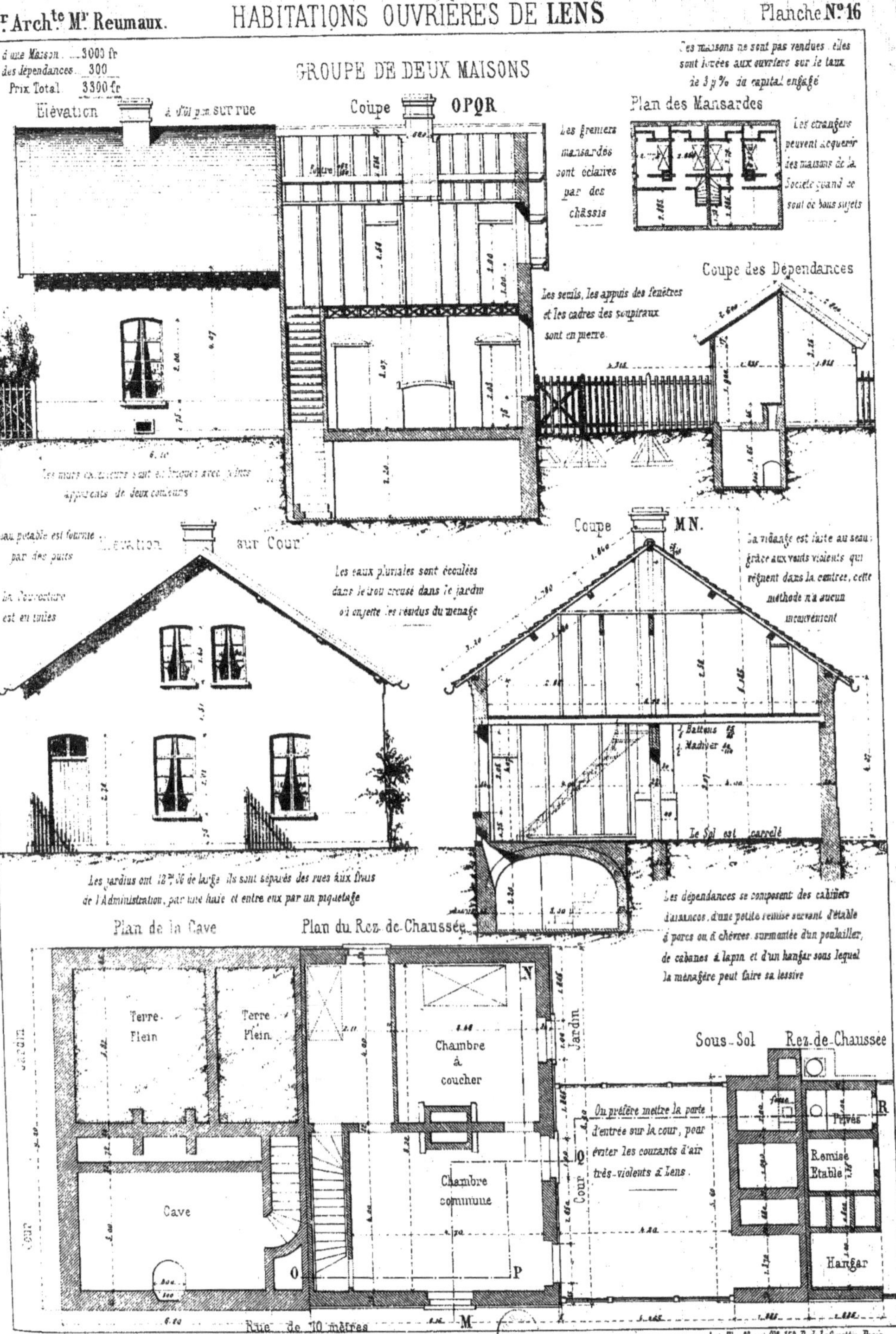
Arch.te M.r Reumaux.
HABITATIONS OUVRIÈRES DE LENS
Planche N.º 16
d'une Maison . . . 3000 fr
des dépendances . 300
Prix Total 3300 fr
GROUPE DE DEUX MAISONS
Ces maisons ne sont pas vendues, elles
sont louées aux ouvriers sur le taux
de 3 p % du capital engagé
Élévation
à vol prise sur rue
Coupe OPQR
Plan des Mansardes
Les greniers mansardés sont éclairés par des châssis
Les étrangers peuvent acquérir des maisons de la Société quand ce sont de bons sujets
Les seuils, les appuis des fenêtres et les cadres des soupiraux sont en pierre
Coupe des Dépendances
Les murs extérieurs sont en briques avec joints apparents de deux couleurs
L'eau potable est fournie par des puits
Élévation sur Cour
Les eaux pluviales sont écoulées dans le trou creusé dans le jardin où l'on jette les résidus du ménage
Coupe MN.
La vidange est faite au seau; grâce aux vents violents qui règnent dans la contrée, cette méthode n'a aucun inconvénient
La couverture est en tuiles
Les jardins ont 12 m 00 de large, ils sont séparés des rues aux frais de l'Administration par une haie et entre eux par un piquetage
Batteus
Madrier
Le Sol est carrelé
Les dépendances se composent des cabinets d'aisances, d'une petite remise servant d'étable à porcs ou à chèvres, surmontée d'un poulailler, de cabanes à lapin et d'un hangar sous lequel la ménagère peut faire sa lessive
Plan de la Cave
Plan du Rez-de-Chaussée
Terre Plein
Terre Plein
Chambre à coucher
Jardin
Sous-Sol
Rez-de-Chaussée
On préfère mettre la porte d'entrée sur la cour, pour éviter les courants d'air très-violents à Lens
Cave
Chambre commune
Cour
Privés
Remise Étable
Hangar
Rue de 10 mètres
Aut. Thuilly et Cie, 150, R. de Lafayette, Paris

Prix de revient d'une Maison. 2.700 fr
compris Terrain et frais de toute
nature.

Le terrain est vendu au prix de
8.50 le mètre.

GROUPE DE DEUX MAISONS DISPOSÉES
EN FILES CONTINUES

Prix annuel de location
d'une Maison. 208 fr

Le locataire peut devenir acquéreur
de la maison en payant 21 francs
par mois pendant 13 ans et demi

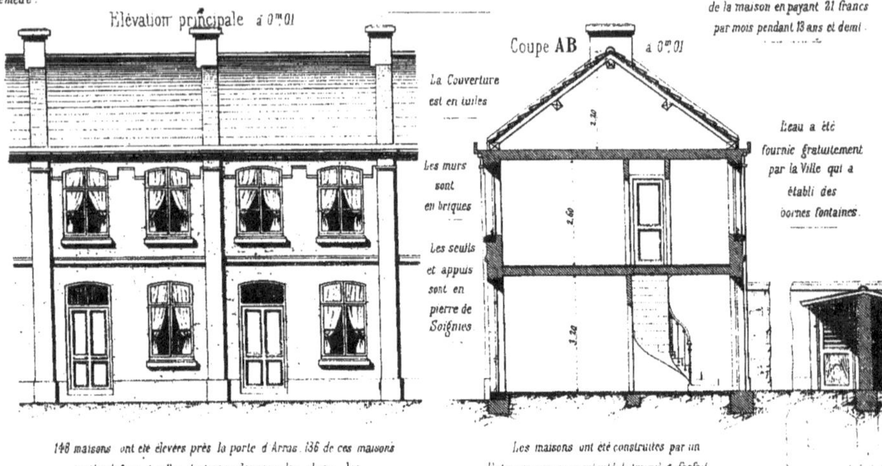

148 maisons ont été élevées près la porte d'Arras. 136 de ces maisons
sont analogues à celles dont nous donnons les plans, les
maisons d'angles sont à étages.

Les maisons ont été construites par un
Entrepreneur qui a exécuté le travail à forfait

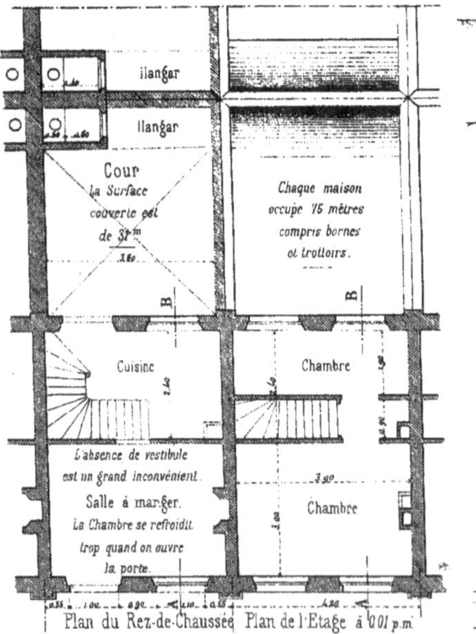

La Compagnie Immobilière de Lille a construit 233 maisons. 52 sont vendues, 173 sont louées, 8 seulement sont disponibles.
1200 personnes y sont logées, dont 450 hommes et femmes mariés et 750 enfants des deux sexes. Le capital affecté à ces maisons est
de 782.000 fr. Les maisons sont louées à raison de 8 p %; 5 p % sont donnés aux actionnaires, 3 p % sont affectés aux réparations, aux impôts, etc.

CITÉ OUVRIÈRE BOULEVARD MIRABEAU

Prix d'une Maison du type **A**
Sol compris ... 2 253 fr.

Revenu brut ... 300 fr.
Charges ... 64
Revenu net ... 236 fr.

Élévation du type **A**.

Coupe **MR**

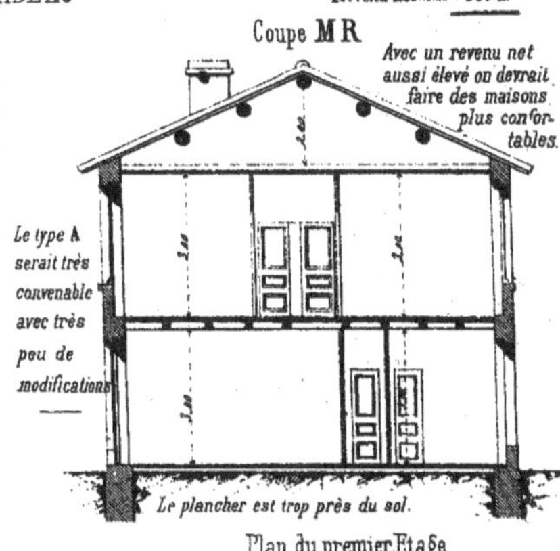

Les habitations ouvrières sont bien moins confortables dans le Midi que dans le Nord, la Cité se compose de trente maisons du Type **B** comprenant chacune 2 logements et de 3 Maisons du Type **A**

Les murs sont montés en moellons bruts, hourdés au mortier de chaux grasse et de sable, & recouverts de deux ou trois couches d'enduit au mortier de chaux.

Les encadrements des fenêtres sont en briques.

Les planchers se composent de solives portant sur murs, espacées d'un mètre dix, d'axe en axe, puis de plates lambourdes de 0.10 x 0.04 espacées de 0.015 fixées sur les solives par des pointes. Sur ces lambourdes on met des carreaux en terre cuite, scellés au plâtre, un crépi en plâtre de deux couches est fait par dessous avec encorbellement, entre les solives.

Les maisons à rez-de-chaussée n'ont pas de plancher.

Les plafonds des greniers se composent d'une claie ou toile formée de lanières de roseaux entrelacées, arrêtée sur chevrons espacés de 0.40 d'axe en axe crépie par dessous avec encorbellement.

La toiture se compose de pannes espacées de 1.25 à 1.40 d'axe en axe; de chevrons de 0.05 x 0.07 espacés de 0.20, de briques de 0.02 d'épaisseur, placées au dessus puis de tuiles creuses, calées & rejointoyées au mortier.

Le local M est couvert en partie, il contient les cabinets & le trou à ordures, où chaque locataire vient jeter ses résidus. La fosse est vidée à bras d'hommes. L'eau est fournie par un puits, commun à tous les locataires. Les eaux pluviales ne sont pas recueillies. Les eaux ménagères s'écoulent dans des puisards, disposition toujours fâcheuse.

Echelle de 0.0075 p. mètre.

On a essayé de faire des casernes d'ouvriers, à Marseille et à Bordeaux, mais le rendement n'a pas été satisfaisant.

Les pannes sont de simples troncs d'arbres dégrossis.

Il est à craindre que les eaux ménagères écoulées dans un puisard ne vicient l'eau du puits.

Plan du Rez-de-Chaussée.

Plan du premier Etage

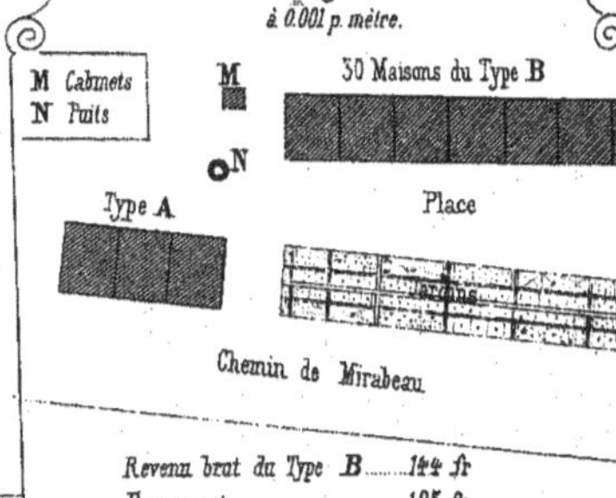

Élévation du Type **B** à 0.0075 p. m.

Plan du Rez-de-Chaussée

Prix d'une Maison du Type **B** ... 1600 fr.

Coupe **PQ** à 0.0075 p. m.

Plan Général à 0.001 p. mètre.

M Cabinets
N Puits

M
N

30 Maisons du Type **B**

Type **A**

Place

Chemin de Mirabeau

Revenu brut du Type **B** ... 144 fr.
Revenu net ... 105 fr.

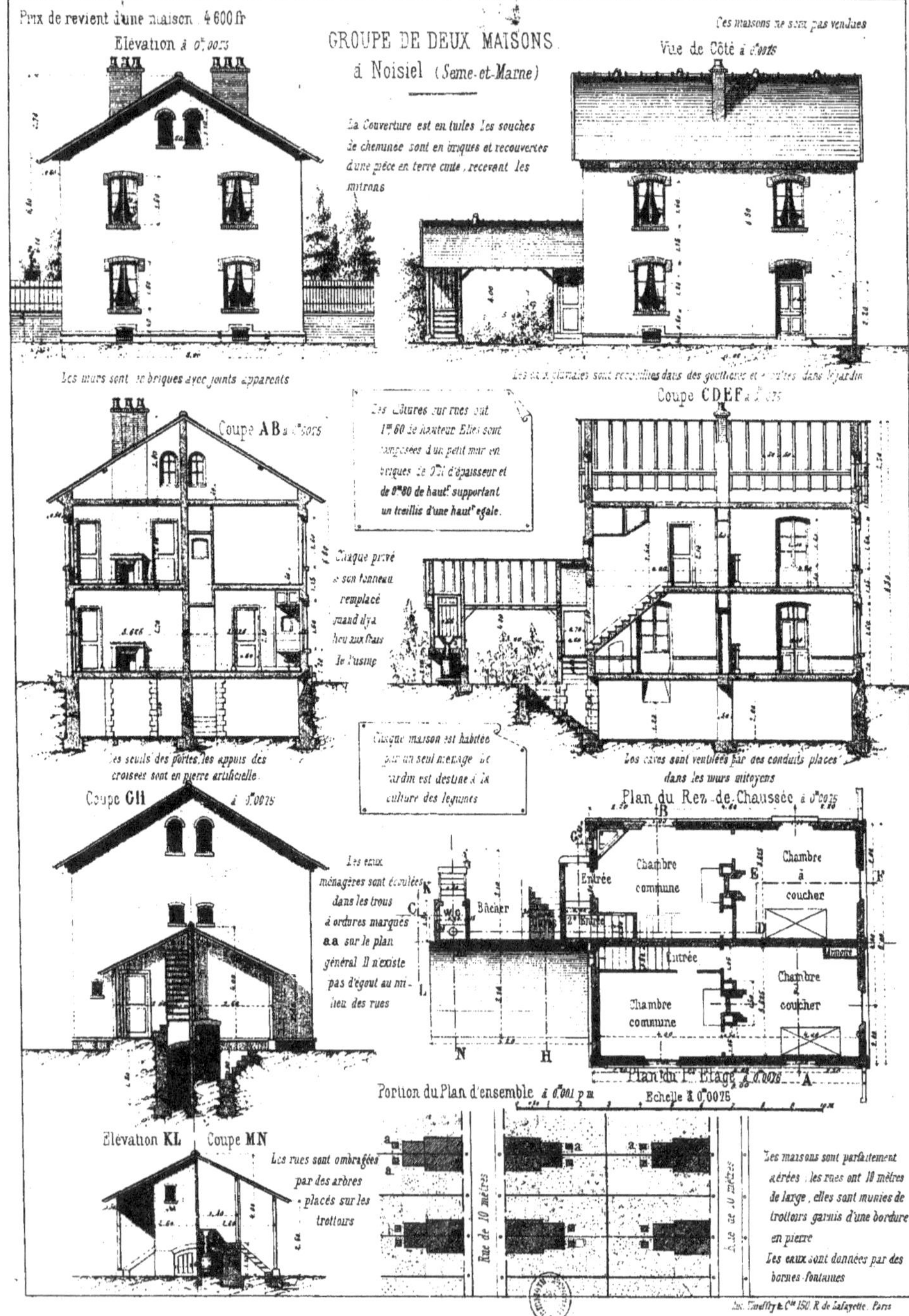
Prix de revient d'une maison . 4 600 fr
Elevation à 0.m005
GROUPE DE DEUX MAISONS
à Noisiel (Seine-et-Marne)
Ces maisons ne sont pas vendues
Vue de Côté à 0.m005
La Couverture est en tuiles les souches
de cheminée sont en briques et recouvertes
d'une pièce en terre cuite, recevant les
mitrons
Les murs sont en briques avec joints apparents
Les eaux pluviales sont recueillies dans des gouttières et conduites dans le jardin
Coupe AB à 0.m005
Coupe CDEF à 0.m005
Les clôtures sur rues ont
1.m 60 de hauteur Elles sont
composées d'un petit mur en
briques de 0.m11 d'épaisseur et
de 0.m80 de haut.r supportant
un treillis d'une haut.r égale.
Chaque privé
a son tonneau
remplacé
quand il y a
lieu aux frais
de l'usine
Chaque maison est habitée
par un seul ménage le
jardin est destiné à la
culture des légumes
Les seuils des portes, les appuis des
croisées sont en pierre artificielle.
Les caves sont ventilées par des conduits placés
dans les murs mitoyens
Coupe GH à 0.m005
Plan du Rez-de-Chaussée à 0.m005
Les eaux
ménagères sont écoulées
dans les trous
à ordures marqués
a a sur le plan
général Il n'existe
pas d'égout au mi-
lieu des rues
Bûcher
Entrée
Chambre
commune
Chambre
à
coucher
Entrée
Chambre
commune
Chambre
à
coucher
Elevation KL   Coupe MN
Les rues sont ombragées
par des arbres
placés sur les
trottoirs
Portion du Plan d'ensemble à 0.m001 p.m
Echelle à 0.m0075
Rue de 10 mètres
Rue de 10 mètres
Les maisons sont parfaitement
aérées, les rues ont 10 mètres
de large, elles sont munies de
trottoirs garnis d'une bordure
en pierre
Les eaux sont données par des
bornes fontaines
Plan du 1.er Etage à 0.m0075
Imp. Lemercier & C.ie 150. R. de Lafayette. Paris

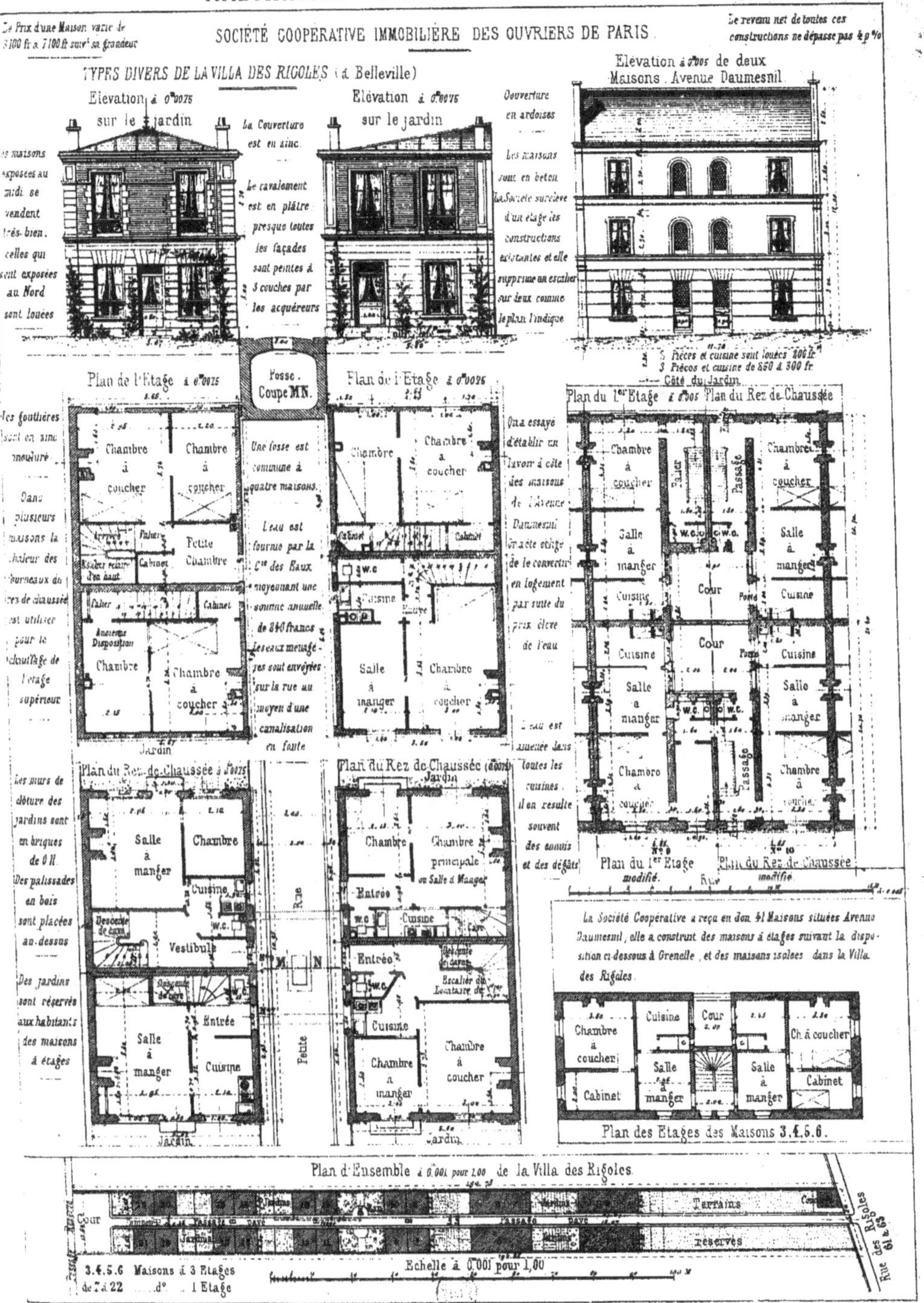

HABITATIONS OUVRIÈRES PARISIENNES
Planche N° 20.
SOCIÉTÉ COOPERATIVE IMMOBILIÈRE DES OUVRIERS DE PARIS
Le Prix d'une Maison varie de 8100 fr. à 7100 fr. suiv.t sa grandeur
Le revenu net de toutes ces constructions ne dépasse pas 4 p %
TYPES DIVERS DE LA VILLA DES RIGOLES (à Belleville)
Elevation à 0m0075 sur le jardin
Elévation à 0m0075 sur le jardin
Elevation à 0m005 de deux Maisons. Avenue Daumesnil
Ouverture en ardoises
La Couverture est en zinc.
Le ravalement est en plâtre presque toutes les façades sont peintes à 3 couches par les acquéreurs
Les maisons exposées au midi se vendent très-bien, celles qui sont exposées au Nord sont louées
Les maisons sont en beton. La Société surelève d'un étage les constructions existantes et elle supprime un escalier sur deux comme le plan l'indique
Plan de l'Etage à 0m0075
Fosse. Coupe MN.
Plan de l'Etage à 0m0075
Plan du 1er Etage à 0m005
Plan du Rez-de-Chaussée
Une fosse est commune à quatre maisons. L'eau est fournie par la C.ie des Eaux moyennant une somme annuelle de 840 francs
Côté du Jardin
2 Pièces et cuisine sont louées 200 fr.
3 Pièces et cuisine de 250 à 300 fr.
Chambre à coucher
Chambre à coucher
Petite Chambre
Cabinet
Ancienne Disposition
Chambre
Chambre à coucher
Jardin
Cuisine
Salle à manger
Chambre à coucher
Salle à manger
Cour
Cuisine
W.C.
Plan du Rez-de-Chaussée à 0m0075
Plan du Rez de Chaussée (Côté Jardin)
Plan du 1er Etage modifié.
Plan du Rez de Chaussée modifié.
Salle à manger
Chambre
Cuisine
Descente de cave
Vestibule
Entrée
Salle à manger
Cuisine
Chambre principale ou Salle à Manger
Entrée
Cuisine
Entrée
Escalier du Locataire du 1er
Cuisine
Chambre à manger
Chambre à coucher
Jardin
La Société Coopérative a reçu en don 41 Maisons situées Avenue Daumesnil, elle a construit des maisons à étages suivant la disposition ci-dessous à Grenelle, et des maisons isolées dans la Villa des Rigoles.
Chambre à coucher
Cabinet
Cuisine
Cour
Salle à manger
Salle à manger
Ch. à coucher
Cabinet
Plan des Etages des Maisons 3. 4. 5. 6.
Plan d'Ensemble à 0m001 pour 1m00 de la Villa des Rigoles.
Terrains réservés
Rue des Rigoles
3. 4. 5. 6 Maisons à 3 Etages
de 7 à 22 d° 1 Etage
Echelle à 0m001 pour 1m00
imp. Thierry & C.ie 150 B. de Lafayette Paris

Prix de revient d'une Maison ... 6.600 fr
Prix du Terrain 1.400
        Prix total .... 8.000 fr.

CROUPE DE QUATRE MAISONS
pour 4 familles.

Commune des Lilas (Seine.)

Prix annuel de location.
1.º d'une Maison exposée au Nord ..... 350 fr
2.º d'une Maison exposée au Midi .. 400 fr.

Le prix de revient a été élevé par les murs de clôture, une fosse fixe étanche & plusieurs causes énumérées ci-dessous.

Ces maisons n'ont pas encore trouvé d'acquéreurs. Le prix de revient en est trop élevé.

Les souches des cheminées sont en plâtre. Les mitrons sont en terre cuite. Les marches d'escalier sont en pierre de Châtillon

Couverture en tuiles

Gouttière en zinc amenant les eaux pluviales dans un tonneau

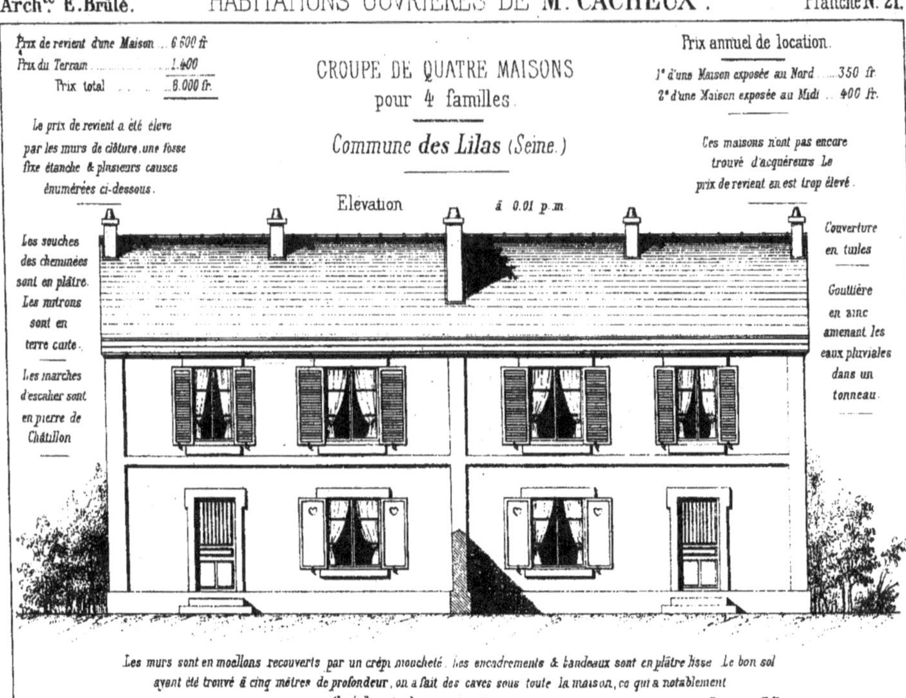

Les murs sont en moellons recouverts par un crépi moucheté. Les encadrements & bandeaux sont en plâtre lisse. Le bon sol ayant été trouvé à cinq mètres de profondeur, on a fait des caves sous toute la maison, ce qui a notablement élevé le prix des constructions

Les planchers sont faits avec des bastings scellés de façon à mettre la partie supérieure de niveau. Le parquet a été cloué sur les solives

Le plafond est fait avec un enduit de plâtre sur un lattis en chêne, cloué sous les solives.

Les cabinets sont placés au dehors. Un ventilateur conduit les émanations au-dessus du toit.

Les eaux ménagères s'écoulent dans un puisard qui sera supprimé aussitôt que la rue sera pourvue d'un égout.

L'eau ordinaire est fournie par des puits creusés à cinq mètres de profondeur.

Le groupe de 4 maisons sans dépendances peut être fait moyennant 16.000 fr. sur un sol ordinaire de Paris & aux environs

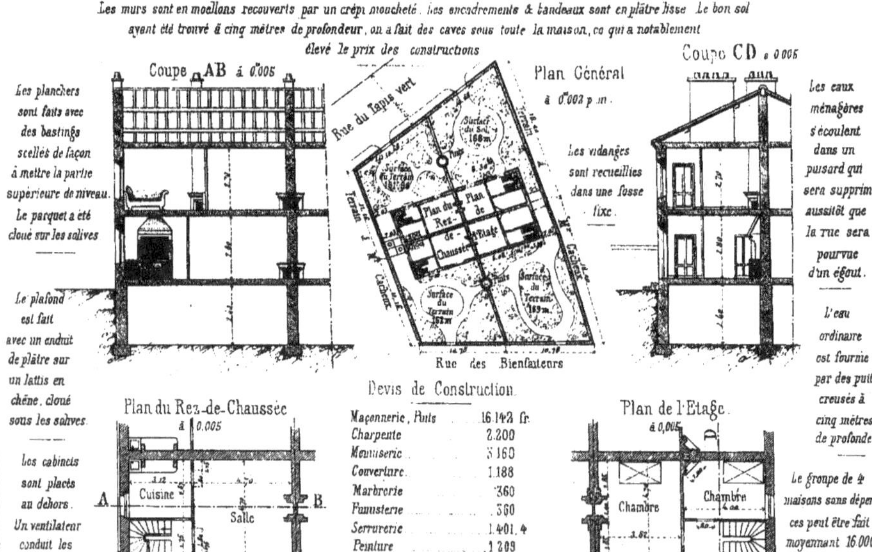

Devis de Construction.

Maçonnerie, Puits	16.142 fr.
Charpente	2.200
Menuiserie	3.160
Couverture	1.188
Marbrerie	360
Fumisterie	360
Serrurerie	1.401,4
Peinture	1.209
Terrasse	360
Prix de revient du groupe	26.400 fr

M.r Cacheux avance aux acquéreurs de terrain la moitié de l'argent qu'ils dépensent pour y élever des constructions & il donne 15 ans pour rembourser l'argent prêté et la valeur du terrain. L'argent est prêté au taux de 5 p.% l'an. Chaque remboursement anticipé diminue l'annuité d'une valeur égale à 5 p.% de la somme versée.

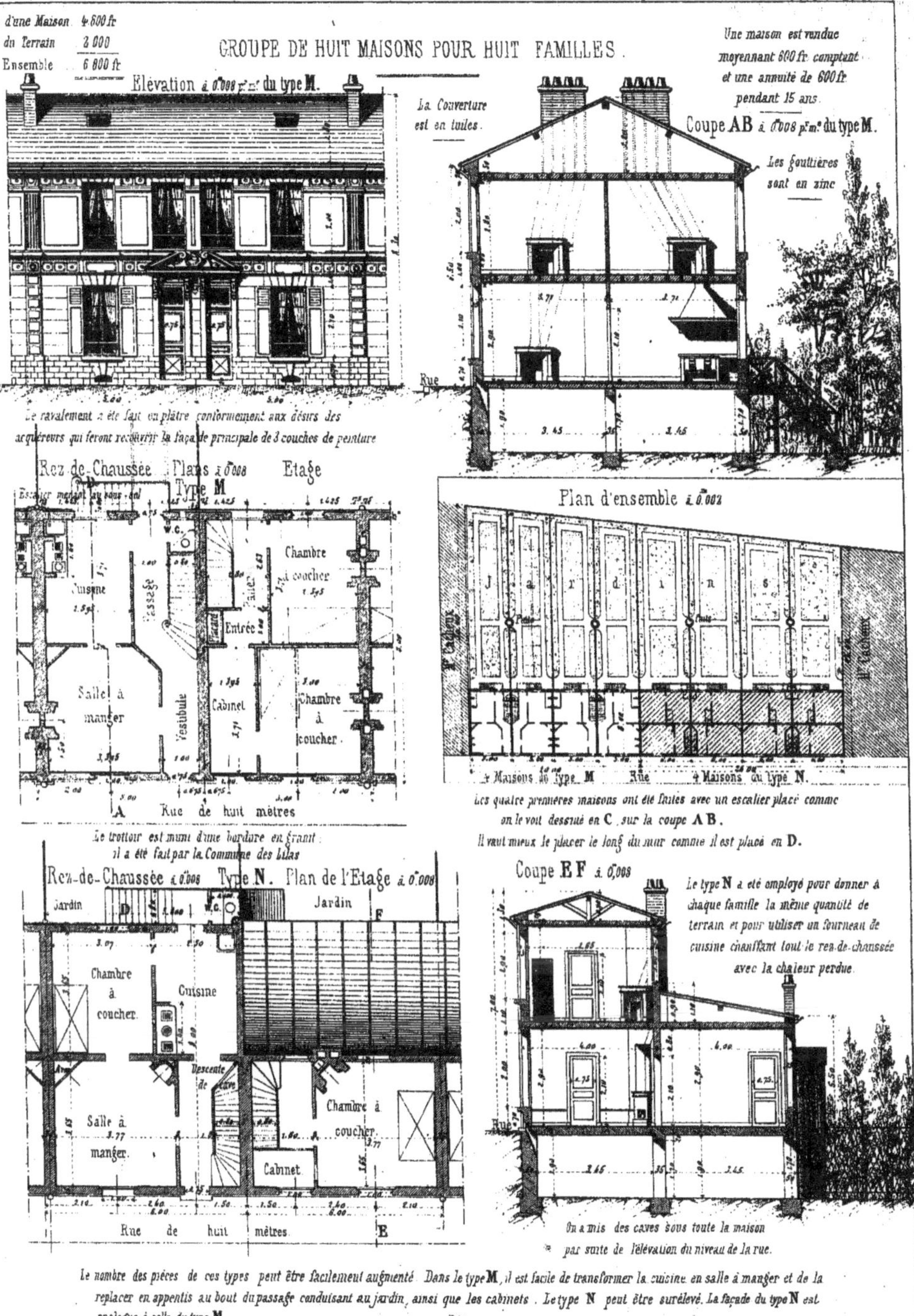

ch.te E. Cacheux.
HABITATIONS OUVRIÈRES DES LILAS près Paris.
Planche N°. 22.
Prix d'une Maison 4.800 fr
Prix du Terrain 2.000
Ensemble 6.800 fr
GROUPE DE HUIT MAISONS POUR HUIT FAMILLES.
Une maison est vendue
moyennant 600 fr. comptant
et une annuité de 600 fr.
pendant 15 ans.
Élévation à 0.008 p.r m.r du type M.
La Couverture
est en tuiles.
Coupe AB à 0.008 p.r m.r du type M.
Les gouttières
sont en zinc
Rue
Le ravalement a été fait en plâtre conformément aux désirs des
acquéreurs qui feront recouvrir la façade principale de 3 couches de peinture
Rez-de-Chaussée   Plans à 0.008   Étage
Type M
w.c.
Chambre
à coucher
Cuisine
Entrée
Salle à
manger
Cabinet
Chambre
à
coucher
Vestibule
A
Rue de huit mètres
Plan d'ensemble à 0.002
J a r d i n s
4 Maisons du type M.   Rue   4 Maisons du type N.
Les quatre premières maisons ont été faites avec un escalier placé comme
on le voit dessiné en C sur la coupe AB.
Il vaut mieux le placer le long du mur comme il est placé en D.
Le trottoir est muni d'une bordure en granit
il a été fait par la Commune des Lilas
Rez-de-Chaussée à 0.008   Type N.   Plan de l'Étage à 0.008
Jardin   D   w.c.   Jardin   F
Chambre
à
coucher.
Cuisine
Descente
de cave
Salle à
manger.
Chambre à
coucher.
Cabinet.
Rue   de   huit   mètres.   E
Coupe EF à 0.008
Le type N a été employé pour donner à
chaque famille la même quantité de
terrain et pour utiliser un fourneau de
cuisine chauffant tout le rez-de-chaussée
avec la chaleur perdue.
Rue
On a mis des caves sous toute la maison
par suite de l'élévation du niveau de la rue.
Le nombre des pièces de ces types peut être facilement augmenté. Dans le type M, il est facile de transformer la cuisine en salle à manger et de la
replacer en appentis au bout du passage conduisant au jardin, ainsi que les cabinets. Le type N peut être surélevé. La façade du type N est
analogue à celle du type M.
Échelle de 0.008 pour 1.m00.
Aut. Thierry & C.ie 158. R. de Lafayette, Paris

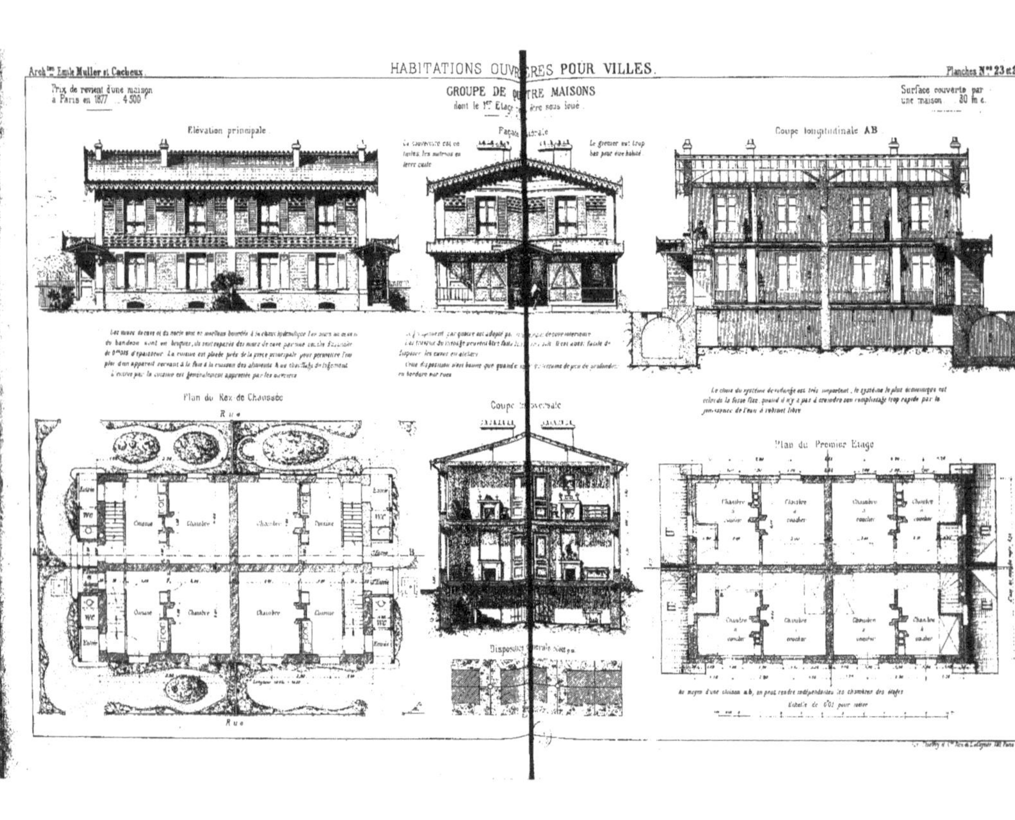
Prix de revient d'une maison
à Paris en 1877 .. 4.500 f
GROUPE DE QUATRE MAISONS
dont le 1er Etage peut être sous loué.
Surface couverte par
une maison   30 m c.
Élévation principale
Façade latérale
Coupe longitudinale AB
La couverture est en tuiles, les autres en terre cuite
Le grenier est trop bas pour être habité
Plan du Rez de Chaussée
Rue
Coupe transversale
Plan du Premier Étage
Chambre
Cuisine
Chambre à coucher
Rue
Disposition générale
Échelle de 0,01 pour mètre

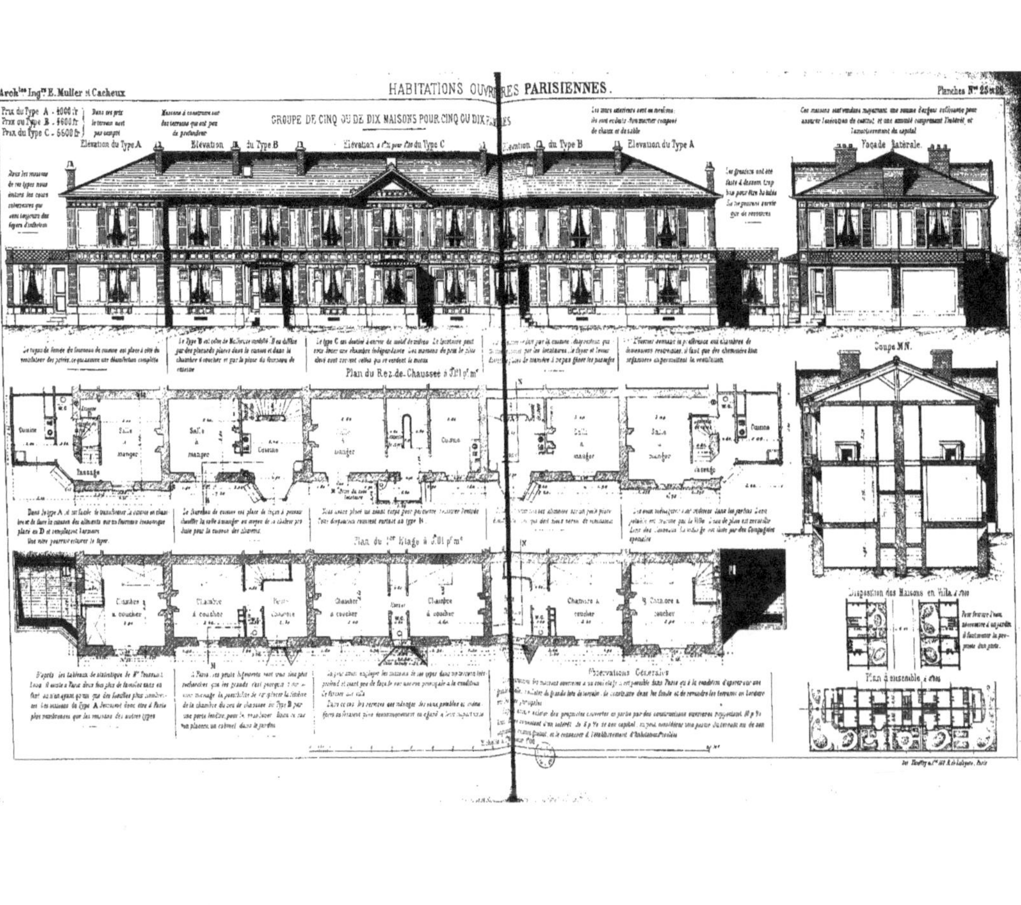
GROUPE DE CINQ OU DE DIX MAISONS POUR CINQ OU DIX FAMILLES
Prix du Type A - 4000 fr
Prix du Type B - 4600 fr
Prix du Type C - 5600 fr
Élevation du Type A   Élevation du Type B   Élevation à vol d'oiseau du Type C   Élevation du Type B   Élevation du Type A
Façade Latérale.
Plan du Rez-de-Chaussée
Plan du 1er Étage
Coupe MN.
Cuisine   Salle à manger   Passage   Escalier
Chambre à coucher   Petite Chambre   Cabinet
Observations Générales
Disposition des Maisons en Villa
Plan d'ensemble
Imp. Becquet a Paris

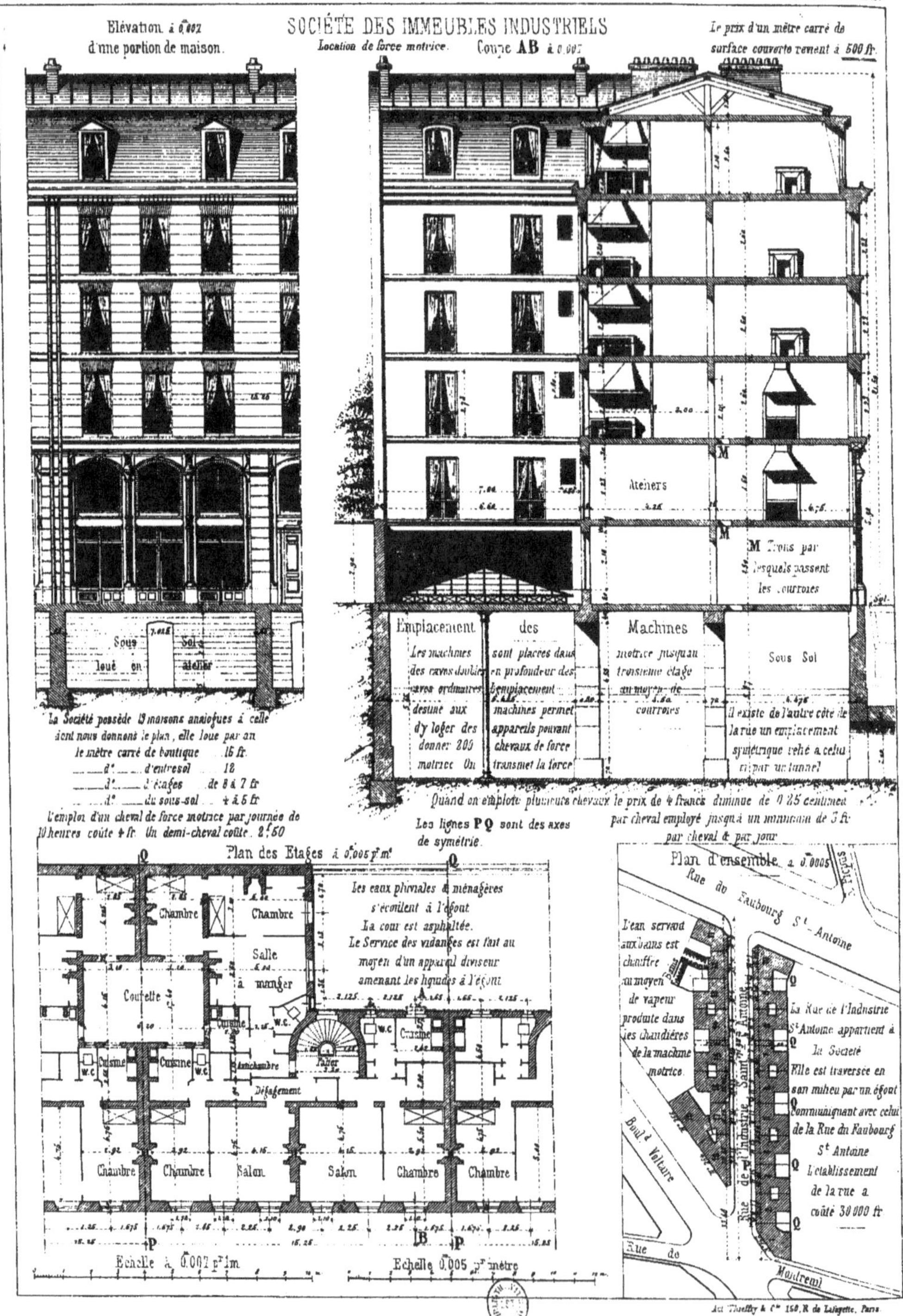
SOCIÉTÉ DES IMMEUBLES INDUSTRIELS
Élévation à 0.002 d'une portion de maison.
Location de force motrice. Coupe AB à 0.005
Le prix d'un mètre carré de surface couverte revient à 500 fr.
Ateliers
M Trous par lesquels passent les courroies
Emplacement des Machines
Sous Sol
Les machines des caves doublées aux ordinaires destinée aux dy loger des donner 200 motrice On
sont placées dans en profondeur des bemplacement machines permet appareils pouvant chevaux de force transmet la force
motrice jusqu'au troisième étage au moyen de courroies
Il existe de l'autre côté de la rue un emplacement symétrique relié à celui ci par un tunnel
Sous sol loué en atelier
La Société possède 19 maisons analogues à celle dont nous donnons le plan, elle loue par an le mètre carré de boutique   16 fr.
d.º   d'entresol   12
d.º   d'étages   de 8 à 7 fr
d.º   du sous-sol   4 à 5 fr
L'emploi d'un cheval de force motrice par journée de 10 heures coûte 4 fr. Un demi-cheval coûte 2 fr.50
Les lignes PQ sont des axes de symétrie.
Quand on emploie plusieurs chevaux le prix de 4 francs diminue de 0.25 centimes par cheval employé jusqu'à un minimum de 3 fr par cheval & par jour
Plan des Étages à 0.005 p.m²
Chambre   Chambre   Salle à manger   Coulette   Cuisine   W.C.   Antichambre   Dégagement   Palier   W.C.   Cuisine
Chambre   Chambre   Salon   Salon   Chambre   Chambre
Les eaux pluviales & ménagères s'écoulent à l'égout.
La cour est asphaltée.
Le Service des vidanges est fait au moyen d'un appareil diviseur amenant les liquides à l'égout.
Plan d'ensemble à 0.0005
Rue du Faubourg St Antoine
L'eau servant aux bains est chauffée au moyen de vapeur produite dans les chaudières de la machine motrice
La Rue de l'Industrie St Antoine appartient à la Société. Elle est traversée en son milieu par un égout communiquant avec celui de la Rue du Faubourg St Antoine. L'établissement de la rue a coûté 30 000 fr
Bould. Voltaire   Rue de l'Industrie Saint Antoine   Rue de Montreuil
Échelle à 0.002 p.1m
Échelle 0.005 p. mètre

MAISONS A ÉTAGES

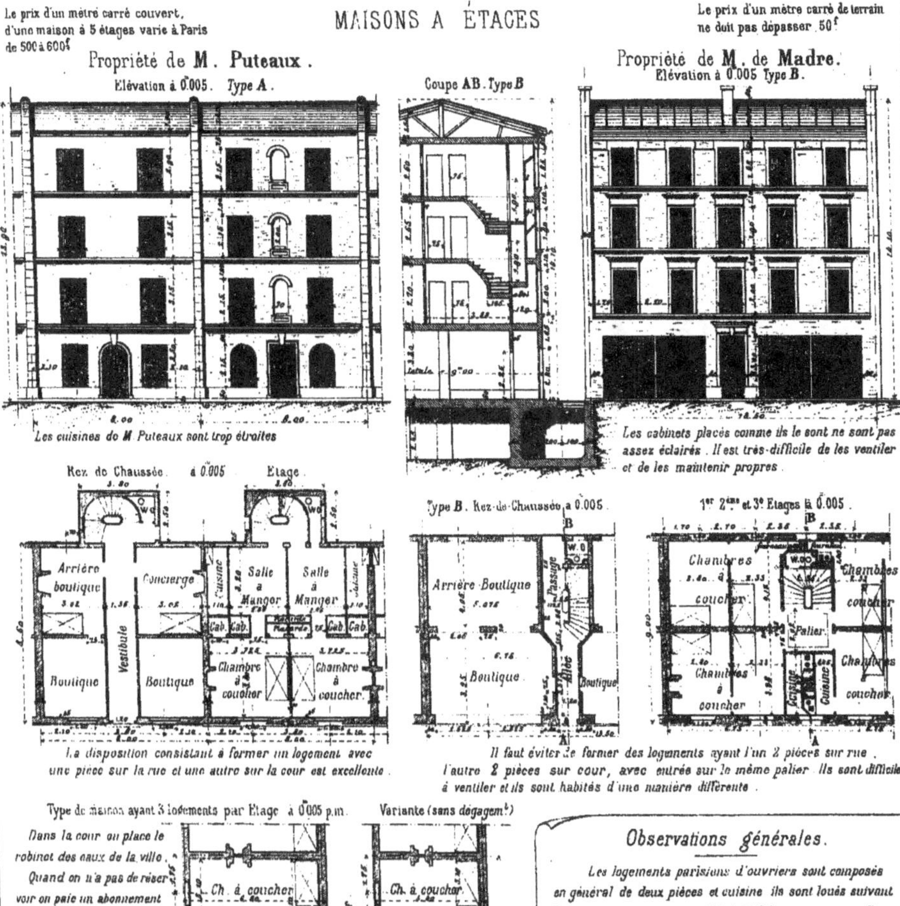

Les cuisines de M. Puteaux sont trop étroites

Les cabinets placés comme ils le sont ne sont pas assez éclairés. Il est très-difficile de les ventiler et de les maintenir propres.

La disposition consistant à former un logement avec une pièce sur la rue et une autre sur la cour est excellente.

Il faut éviter de former des logements ayant l'un 2 pièces sur rue, l'autre 2 pièces sur cour, avec entrée sur le même palier. Ils sont difficiles à ventiler et ils sont habités d'une manière différente.

Dans la cour on place le robinet des eaux de la ville. Quand on n'a pas de réservoir on paie un abonnement basé sur une consommation journalière de 20 litres par personne. L'emploi de réservoirs est très-incommode en hiver par suite des gelées.

Dans ce type le logement en aile n'est pas à recommander. les chambres sont trop profondes, le passage est sombre.

Dans le logement sur cour les pièces se commandent ce n'est pas toujours un inconvénient.

Observations générales.

Les logements parisiens d'ouvriers sont composés en général de deux pièces et cuisine ils sont loués suivant les quartiers moyennant 200 à 300 francs par an. — Il est très-rare de voir des ouvriers occupant un logement de trois pièces et une cuisine.

Les murs extérieurs des maisons à étages sont ordinairement en moellons, ils sont recouverts d'un enduit de plâtre avec lequel on exécute les bandeaux, les chambranles.

Les murs sur cours et courettes sont quelquefois des pans de bois, à partir du rez-de-chaussée. Les pans de bois économisent du terrain, mais ils sont bien mauvais au point de vue de la durée.

Quand le quartier le permet on fait des boutiques au rez-de-chaussée ce qui permet d'augmenter le revenu de la maison.

Dans les maisons à étages subventionnées par l'État on loue le mètre carré d'étage de 9 à 7 francs, le mètre carré de boutique 15 francs.

Échelle à 0.005 pr 1m 00.

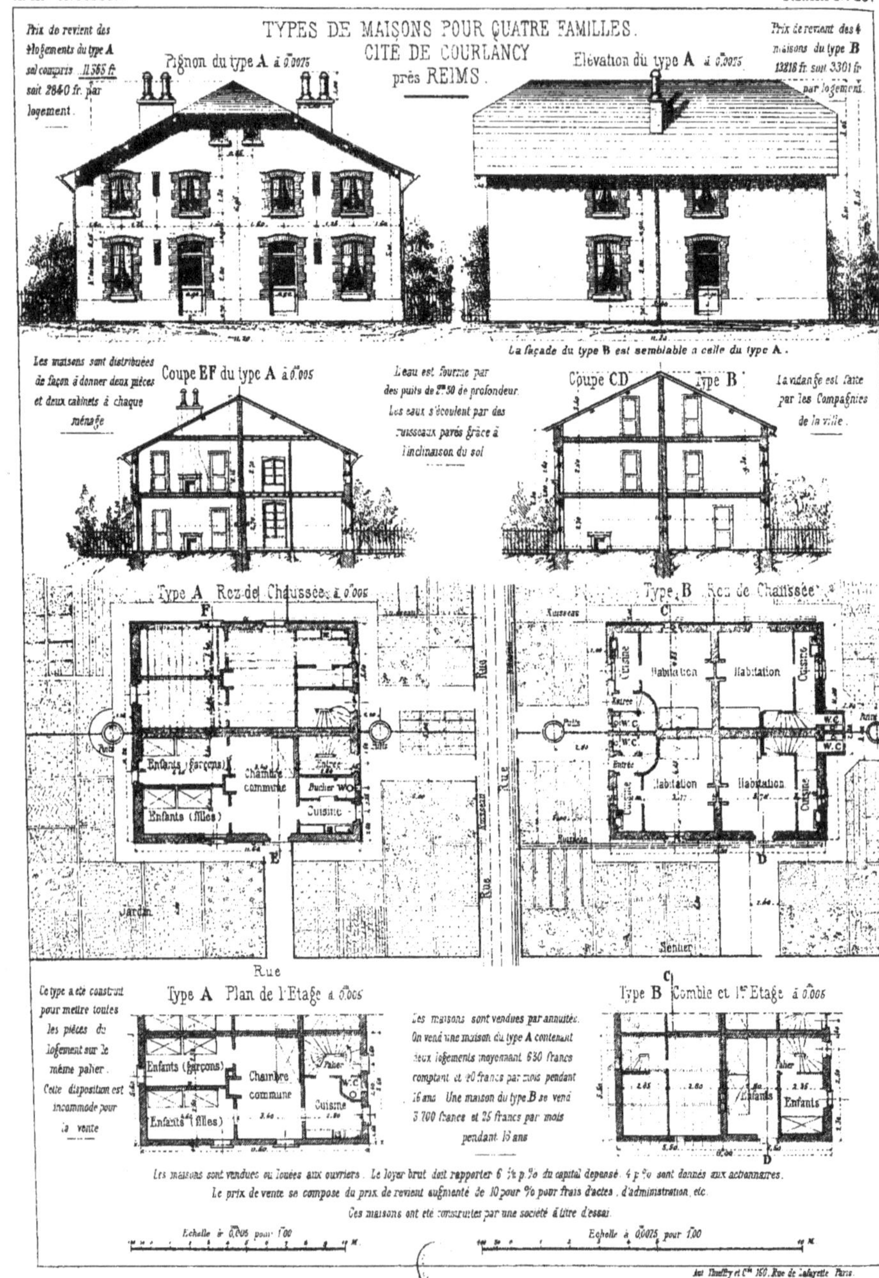
TYPES DE MAISONS POUR QUATRE FAMILLES.
CITÉ DE COURLANCY
près REIMS.
Prix de revient des logements du type A sol compris 11.565 fr. soit 2840 fr. par logement.
Pignon du type A à 0,0075
Elévation du type A à 0,0075
Prix de revient des 4 maisons du type B 13.218 fr. soit 3301 fr. par logement.
Les maisons sont distribuées de façon à donner deux pièces et deux cabinets à chaque ménage
Coupe EF du type A à 0,005
L'eau est fournie par des puits de 2m,50 de profondeur. Les eaux s'écoulent par des ruisseaux pavés grâce à l'inclinaison du sol
Coupe CD du type B
La vidange est faite par les Compagnies de la ville.
La façade du type B est semblable à celle du type A.
Type A Rez de Chaussée à 0,005
Enfants (garçons)
Enfants (filles)
Chambre commune
Bûcher
W.C.
Cuisine
Jardin
Rue
Rue
Ruisseau
Type B Rez de Chaussée
Cuisine
Habitation
Habitation
Cuisine
W.C.
W.C.
Entrée
Habitation
Habitation
Cuisine
Sentier
Ce type a été construit pour mettre toutes les pièces du logement sur le même palier. Cette disposition est incommode pour la vente
Type A Plan de l'Etage à 0,005
Enfants (garçons)
Enfants (filles)
Chambre commune
Palier
Cuisine
W.C.
Les maisons sont vendues par annuités. On vend une maison du type A contenant deux logements moyennant 630 francs comptant et 20 francs par mois pendant 16 ans. Une maison du type B se vend 3.700 francs et 25 francs par mois pendant 16 ans
Type B Comble et 1.er Etage à 0,005
Palier
Enfants
Enfants
Les maisons sont vendues ou louées aux ouvriers. Le loyer brut doit rapporter 6 1/2 p.% du capital dépensé. 4 p.% sont donnés aux actionnaires.
Le prix de vente se compose du prix de revient augmenté de 10 pour % pour frais d'actes, d'administration, etc.
Ces maisons ont été construites par une société à titre d'essai.
Echelle à 0,005 pour 1,00
Echelle à 0,0075 pour 1,00

HABITATIONS OUVRIÈRES DE BERLIN

Planche N° 30.

TYPE DE MAISON A ÉTAGES ADOPTÉ PAR LA BERLINER GEMEINNÜTZICE BAUGESELLSCHAFT

Élévation à 0m 007 pr 1m 00

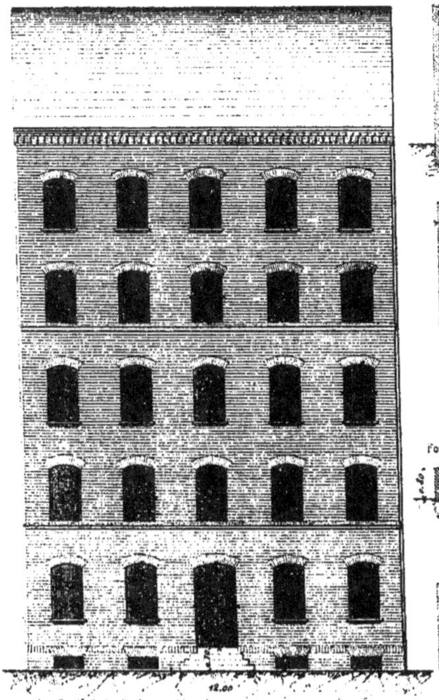

Coupe des Cabinets à 0m 007

Plan
Mur
Fosse à Ordures
Plan

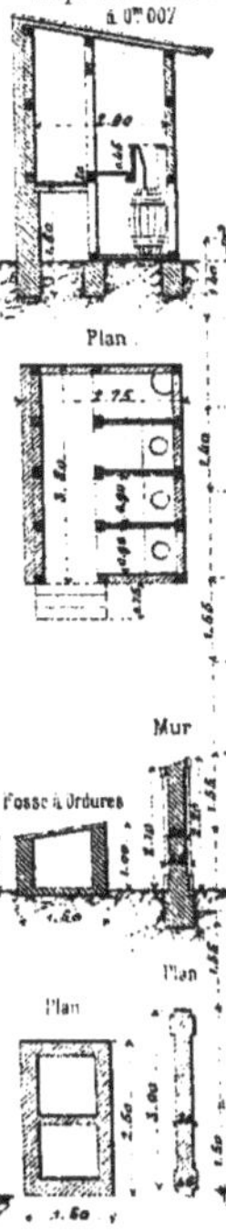

Coupe suivant **AB**.

Coupe à 0m 007.
(sur AB)

La Société de Berlin établit des maisons pour ouvriers et petits artisans dans tous les quartiers de la Ville.

Elle opère avec un Capital d'environ 2.000.000f

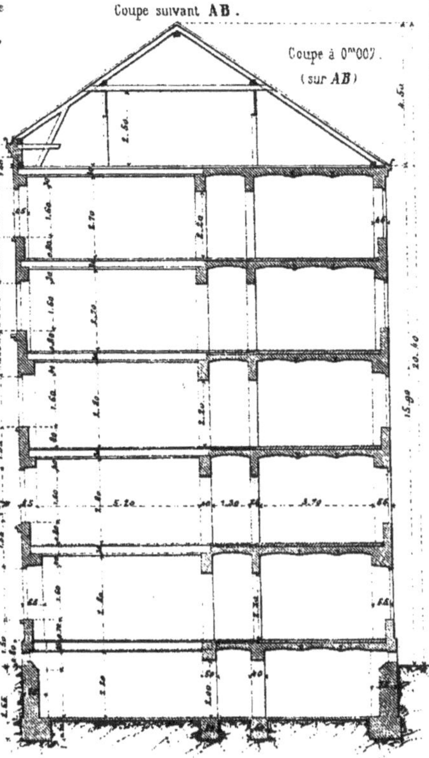

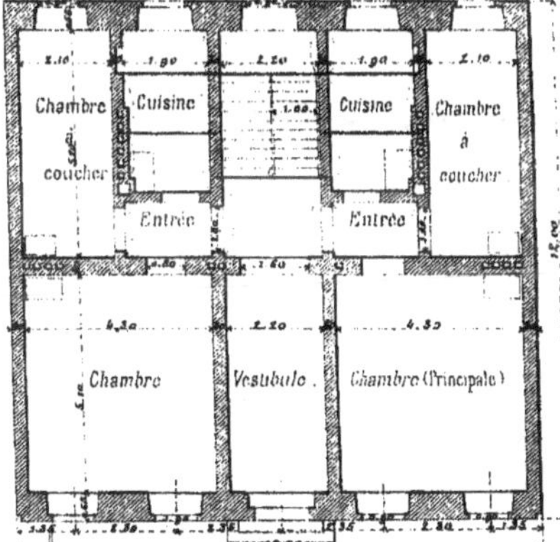

Plan du Rez de Chaussée à 0m 007 pr m.

Chambre à coucher
Cuisine
Cuisine
Chambre à coucher
Entrée
Entrée
Chambre
Vestibule.
Chambre (Principale)

Les planchers des cuisines sont en fer et voûtés afin de permettre des lavages fréquents. Les Cabinets sont trop peu nombreux pour une maison de cette importance. Ils ont de plus l'inconvénient d'être placés dans la cour.

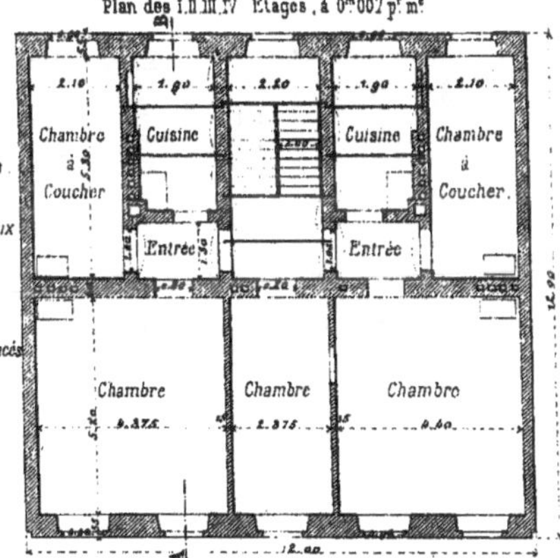

Plan des I.II.III.IV Étages, à 0m 007 pr m.

Chambre à Coucher
Cuisine
Cuisine
Chambre à Coucher.
Entrée
Entrée
Chambre
Chambre
Chambre

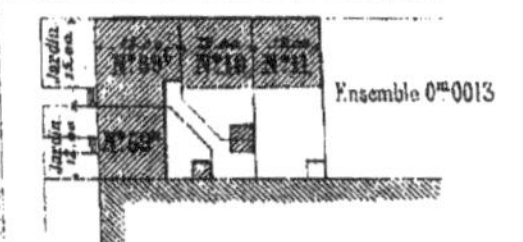

Buch Holzer Strasse

Allée Beau Séjour
Ensemble 0m 0013

La Société immobilière de Berlin, n'ayant pu vendre les maisons isolées à un seul étage qu'elle fit élever à titre d'essai en 1852, imagina la combinaison suivante. Les loyers sont calculés de façon à rapporter 6 p % net, dont 4 % sont distribués aux actionnaires et 2 % affectés aux locataires, pour les rendre propriétaires en commun, au bout d'une trentaine d'années, de l'immeuble qu'ils habitent. La Société a renoncé à ce système en 1857 et elle a versé les fonds disponibles dans la caisse de réserve.

Auto Thierry & Cie 150 R. de Lafayette, Paris.

COLONIE DES TROIS TILLEULS.

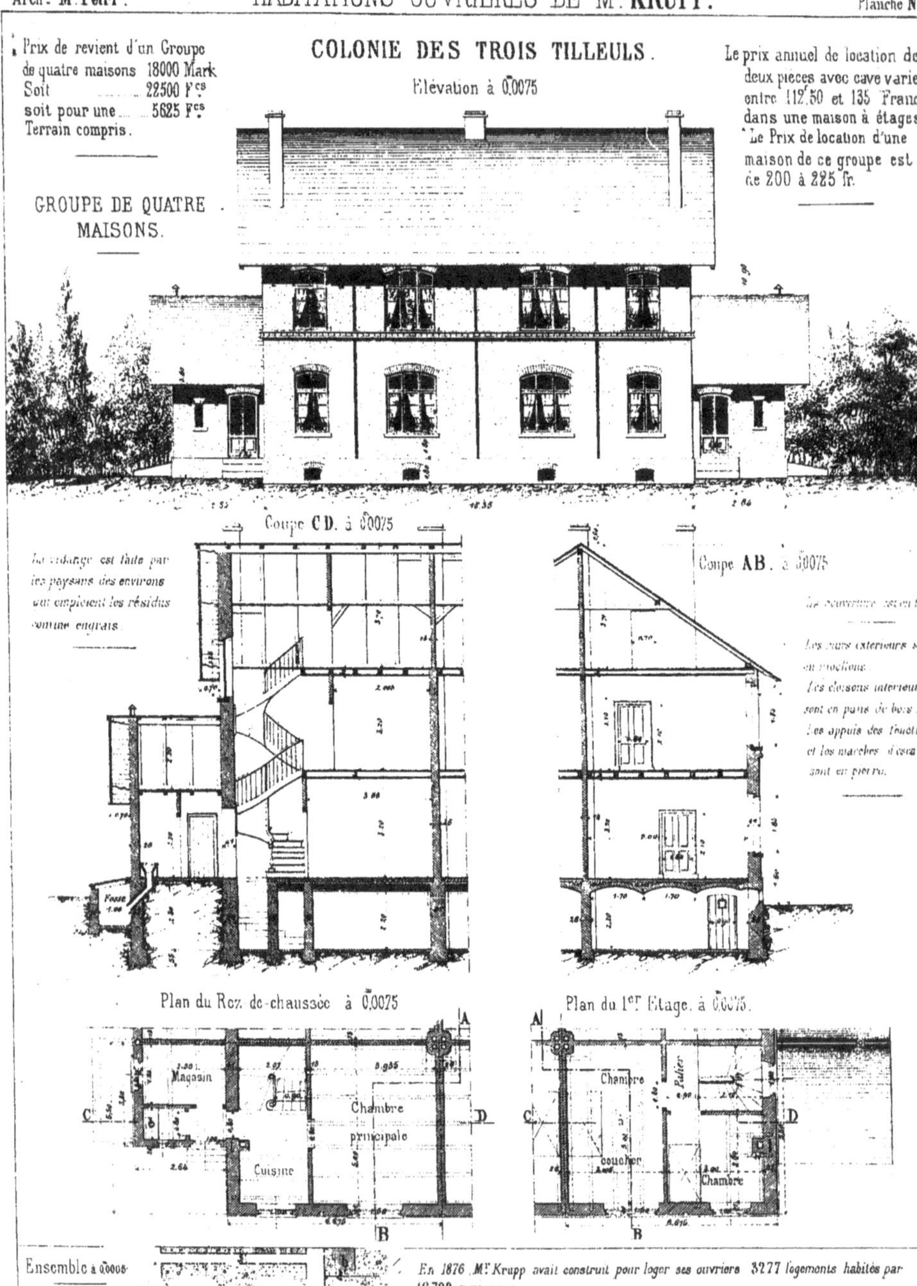

Arch.te **M. Pétri .**

COLONIE DES TROIS TILLEULS .

GROUPE DE DEUX MAISONS DISPOSÉES POUR 8 FAMILLES .

Les maisons de M. Krupp ne sont point vendues, elles ne sont louées qu'aux employés et aux ouvriers de l'établissement .

Le prix annuel de location pour un logement de 3 pièces avec cave et grenier varie de 150 à 200.f

Élévation principale (à 0.m005)

Rez-de-Chaussée .   (Echelle de 0.m005)   Plan des Caves .

Les gendarmes, les agents de la force publique, ainsi que les artisans travaillant pour la maison Krupp, peuvent louer des maisons appartenant à l'usine .

Le prix de location ne comprend pas la fourniture d'eau amenée dans la cuisine par une conduite spéciale . mais il comprend le service de propreté des rues la désinfection des privés . &.e

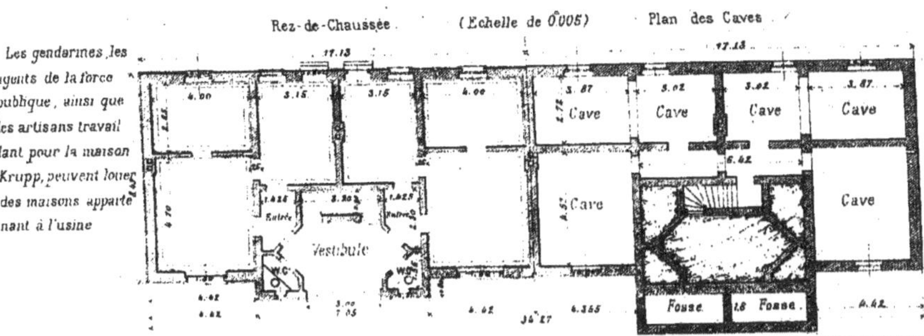

GROUPE DE DEUX MAISONS DISPOSÉES POUR 4 MÉNAGES.

Colonie des Trois Tilleuls

2 à R. de Ch.
2 à l'Etage.   Coupe AB

Le prix annuel de location d'un logement composé de 4 pièces est de 225.f

Élévation (à 0.m005) de la façade sur le jardin .

Rez-de-Chaussée .   (à 0.m005 p.r 1.m00)   Plan de l'Etage .

Plan des Caves (à 0.m005)

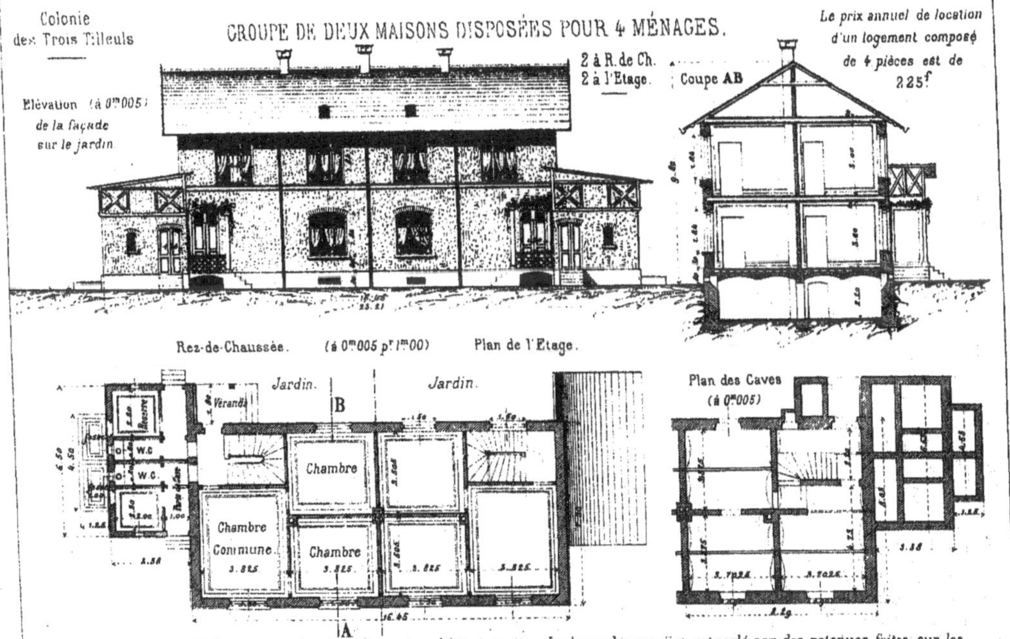

Les employés de la maison paient leur loyer tous les trois mois. — Le loyer des ouvriers est réglé par des retenues faites sur les payes effectuées tous les quinze jours . — Les Caisses de secours paient le loyer des veuves . Les Inspecteurs empêchent les ouvriers de s'entasser dans les logements — On donne congé aux ouvriers habitant des logements trop petits .

Prix de revient d'un groupe de 4 maisons 39.625.f
Cés maisons ne sont pas vendues .

Prix annuel de location du groupe 2 225,30
Charges 305,30
Revenu net 1920,00

GROUPE DE 4 MAISONS.

Élevation d'une maison (0,0075 p.m)

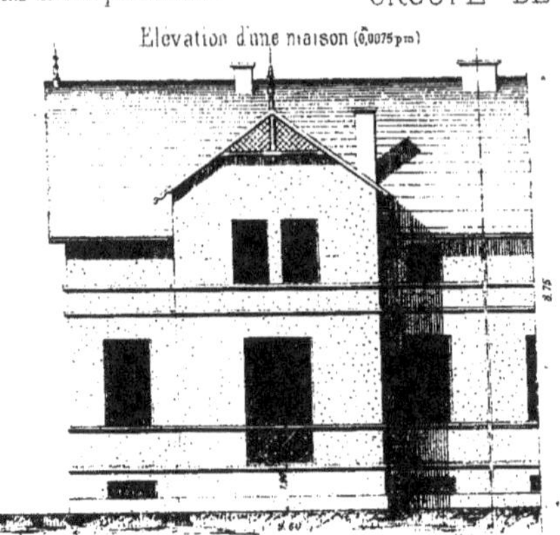

Coupe sur **AB** (0,0075 p.m)

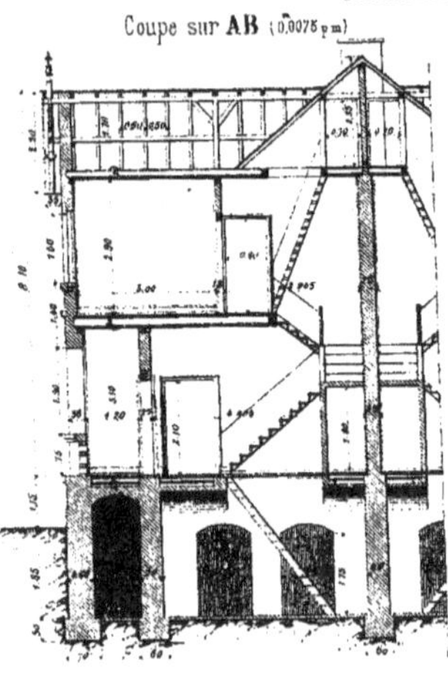

Plan du Rez de Chaussée (0,0075 p.m)

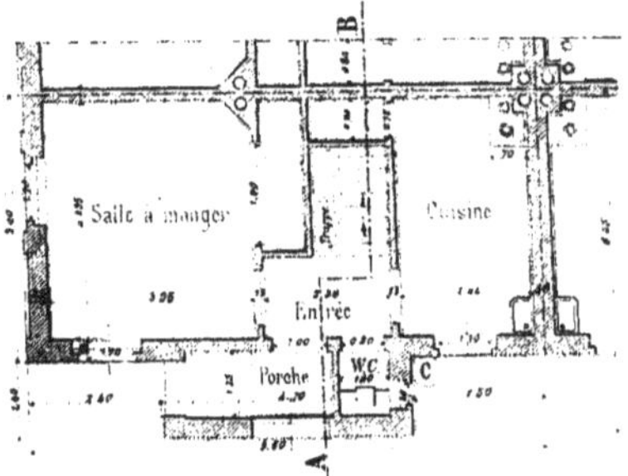

Plan du 1.er Étage (0,0075 p.m)

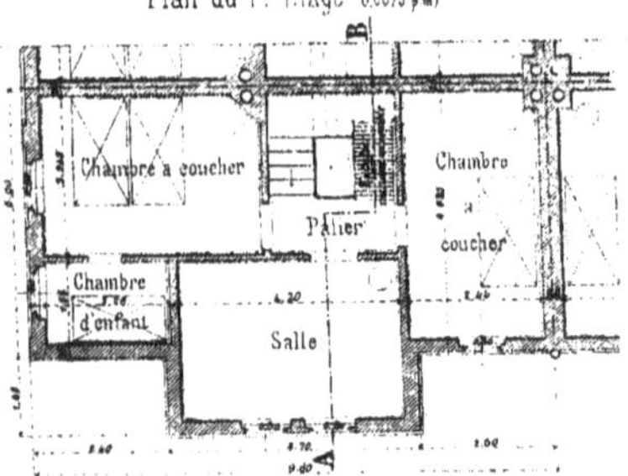

Plan d'un groupe de 32 maisons (0,0005 p.m)

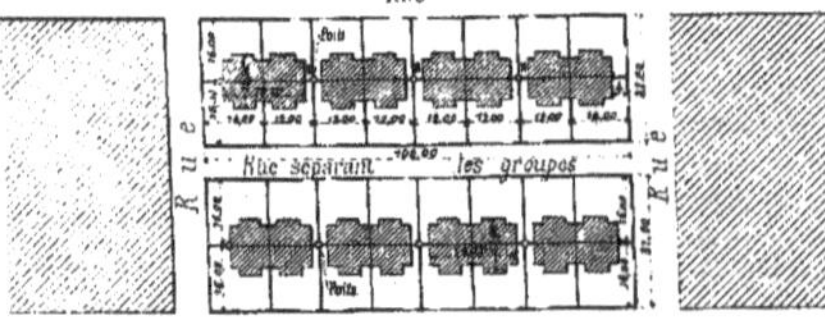

Rue bordant le chemin de fer

Observations générales

D'après le président de l'association de Francfort, les maisons à étages sont plus avantageuses au point de vue financier, que les maisons groupées par quatre.

Voici les charges de huit groupes de quatre maisons pendant les années

	1872		1874	
Entretien	598	36	926	2
Ramonage	.	.	.	.
Vidange	15	.	11	50
Enlèvement d'ordures	.	.	.	.
Balayage	4	30	.	.
Gaz , Eau , Assurance	.	.	132	54
Impôts	173	14	197	44
Couvreur	.	.	63	18
Réparations a la journée	.	.	51	48
Materiaux (Papier . Tuyaux . Tuiles)	.	.	77	39
Nettoyage des maisons	.	.	14	.
Florins	793	20	1473	15

Le gaz et l'assurance sont mis à la charge des locataires. La vidange se fait assez souvent par les entrepreneurs de la ville.____ Un tuyau de ventilation part de la fosse et monte au dessus du toit.

L'eau de pluie est recueillie dans des tonneaux placés en C._ L'eau potable est tirée des puits **H**, servant chacun à 4 maisons, au moyen de pompes.

La surface couverte par un groupe de quatre maisons est de 219 m. car. le prix de revient par mètre est de 150 f

La surface donnée à chaque logement est trop considérable; 32 m. car. par maison suffiraient pour loger une famille.

Echelle de 0,0075 p.r mètre.

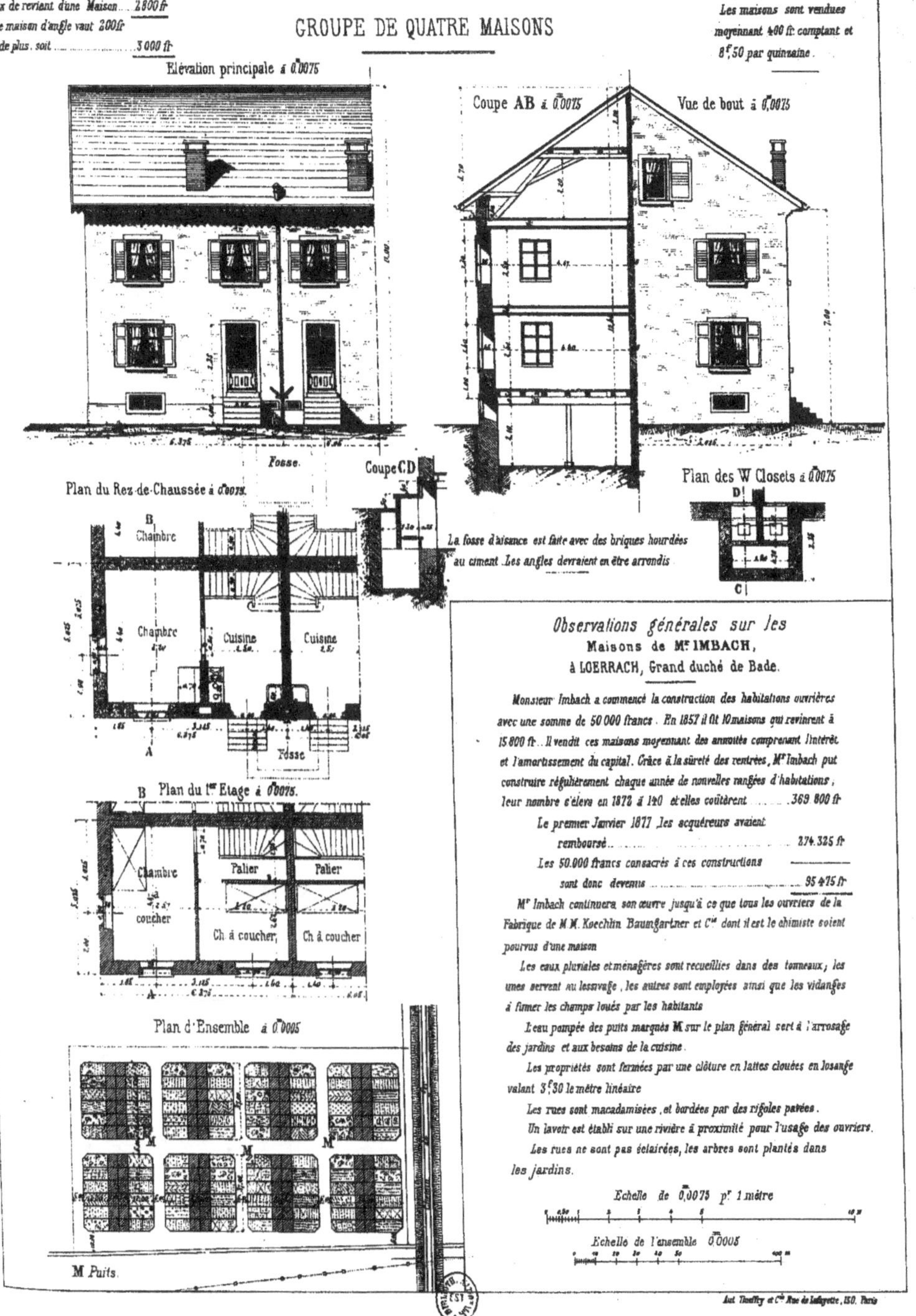

Observations générales sur les Maisons de Mr IMBACH, à LOERRACH, Grand duché de Bade.

Monsieur Imbach a commencé la construction des habitations ouvrières avec une somme de 50 000 francs. En 1857 il fit 10 maisons qui revinrent à 15 800 fr. Il vendit ces maisons moyennant des annuités comprenant l'intérêt et l'amortissement du capital. Grâce à la sûreté des rentrées, Mr Imbach put construire régulièrement chaque année de nouvelles rangées d'habitations; leur nombre s'éleva en 1872 à 140 et elles coûtèrent ...... 369 800 fr

Le premier Janvier 1877 les acquéreurs avaient remboursé.. ...... 274 325 fr

Les 50.000 francs consacrés à ces constructions sont donc devenus ...... 95 475 fr

Mr Imbach continuera son œuvre jusqu'à ce que tous les ouvriers de la Fabrique de M.M. Kœchlin Baumgartner et Cie dont il est le chimiste soient pourvus d'une maison

Les eaux pluviales et ménagères sont recueillies dans des tonneaux; les unes servent au lessivage, les autres sont employées ainsi que les vidanges à fumer les champs loués par les habitants

L'eau pompée des puits marqués M sur le plan général sert à l'arrosage des jardins et aux besoins de la cuisine.

Les propriétés sont fermées par une clôture en lattes clouées en losange valant 3 f,30 le mètre linéaire

Les rues sont macadamisées, et bordées par des rigoles pavées.

Un lavoir est établi sur une rivière à proximité pour l'usage des ouvriers.

Les rues ne sont pas éclairées, les arbres sont plantés dans les jardins.

Echelle de 0,0075 p^r 1 mètre

Echelle de l'ensemble 0,0005

TYPES DIVERS DE MAISONS GROUPÉES PAR CINQ ET PAR SIX.

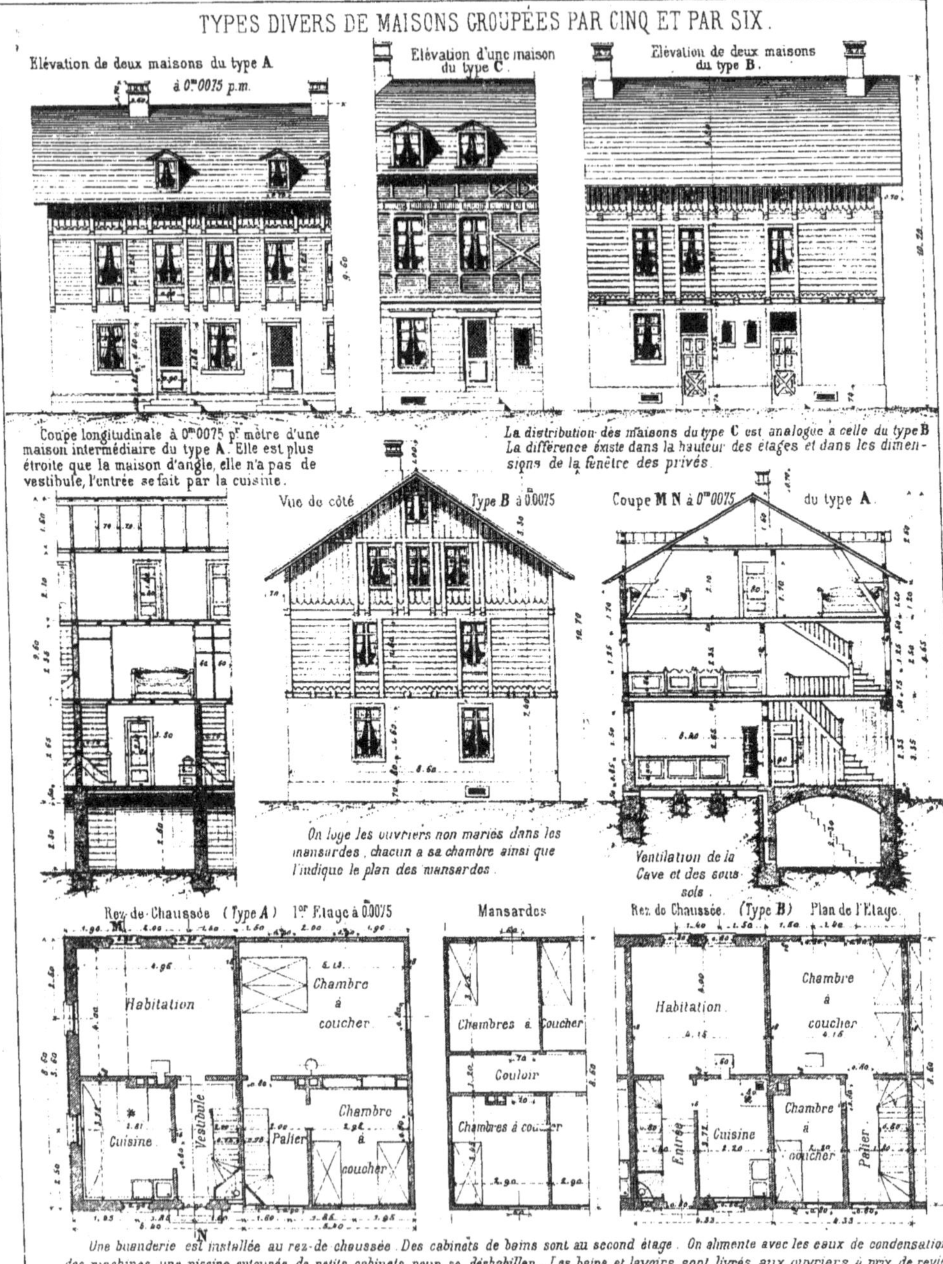

Une buanderie est installée au rez-de-chaussée. Des cabinets de bains sont au second étage. On alimente avec les eaux de condensation des machines une piscine entourée de petits cabinets pour se déshabiller. Les bains et lavoirs sont livrés aux ouvriers à prix de revient. Une école gratuite, une bibliothèque, des sociétés de musique, de gymnastique, de chant, une association pour acquérir des connaissances utiles, forment un ensemble qui a donné d'excellents résultats au point de vue de la moralisation de l'ouvrier.

Echelle à 0ᵐ0075 p². 1ᵐ00

Les Maisons de Mᵣ Staub ne sont pas vendues mais l'établissement fait des avances aux ouvriers qui construisent suivant les plans fournis.

Les maisons sont louées à des prix modérés. L'établissement est pourvu d'un système complet d'institutions propres à donner aux ouvriers le bien être moral & matériel.

GROUPE DE QUATRE MAISONS.

Elevation à 0,005

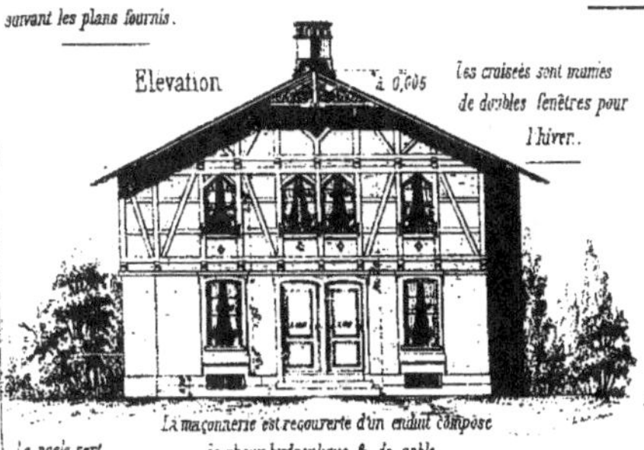

Les croisées sont munies de doubles fenêtres pour l'hiver.

Coupe sur **AB**

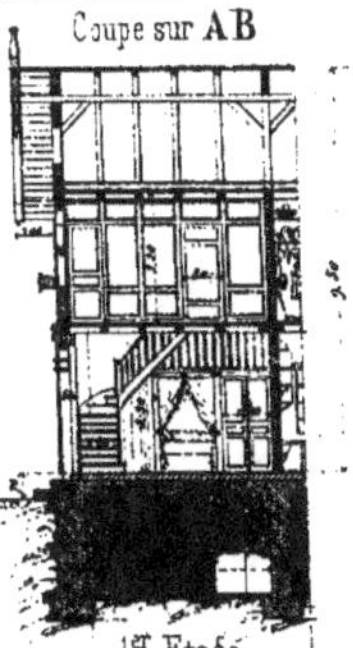

Coupe sur **CD** à 0,005

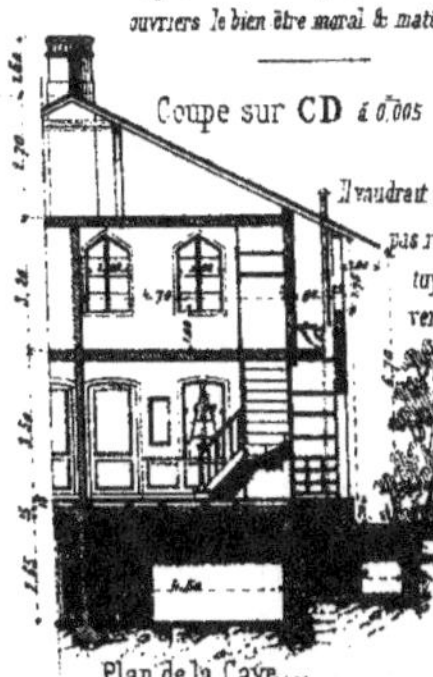

Il vaudrait mieux ne pas rétrécir le tuyau de ventilation.

La maçonnerie est recouverte d'un enduit composé de chaux hydraulique & de sable

Le poele sert à faire la cuisine

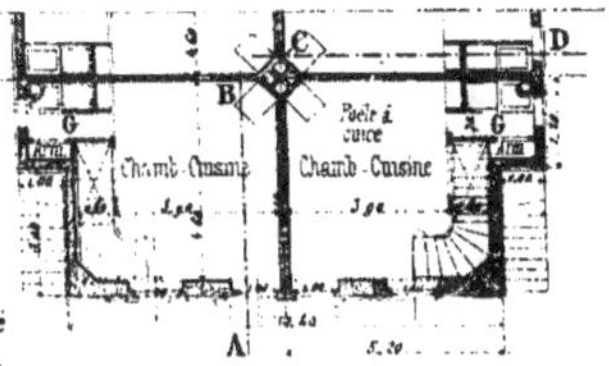

G Laverie. On recueille les eaux ménagères dans un bassin placé sous l'évier

Plan du Rez-de-Chaussée

C   D   B   Poele à cuire   G   Chamb-Cuisine   Chamb-Cuisine   A

1ᵉʳ Etage

Chambre à coucher

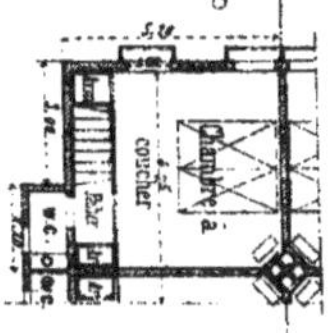

Le voisinage des quatre tuyaux de cheminée établit une ventilation très active.

Plan de la Cave

Cave voûtée

La fosse est fermée hermétiquemᵗ par de lourdes dalles. La petite ouverture qui sert à la vider est couverte d'une plaque en fonte.

TYPES DE MAISONS ISOLÉES

Loge de Concierge à 0,01

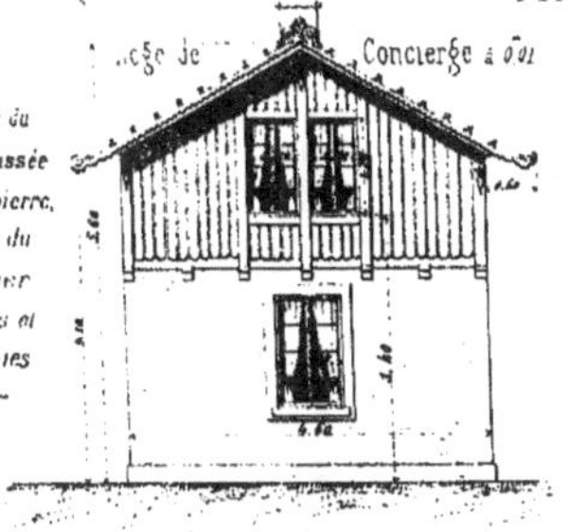

Les murs du rez-de-chaussée sont en pierre, ceux du premier en bois et briques

Plan d'un groupe (4 Maisons) (à 0,002)

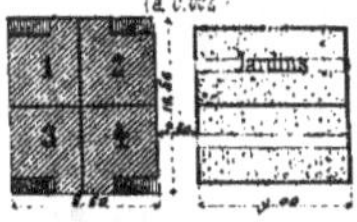

Jardins

Groupe de 5 Maisons

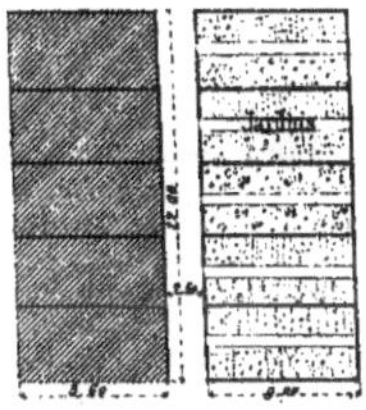

Maison isolée.

Rez-de-Chaussée à 0,005

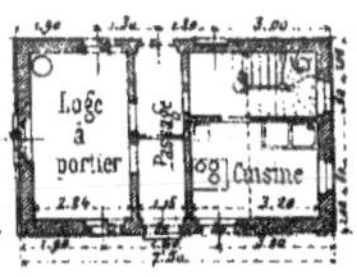

Loge à portier   Cuisine

Les portes des maisons, les cuisines et les latrines sont orientées vers le Nord, ou le Nord-Ouest.

Les cuisines sont pourvues d'excellents foyers ; les chambres d'habitation lambrissées jusqu'à la hauteur de la fenêtre, peintes à l'huile. Chaque chambre est munie d'un poele en faïence ou en fonte.

Plan de l'Etage à 0,005

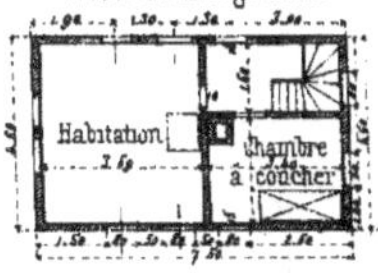

Habitation   chambre à coucher

L'eau est fournie par des puits

L'entrée par la cuisine est très avantageuse. La mère de famille voit ce qui se passe autour d'elle, les membres de la famille s'entr'aident. La cuisine servant de vestibule permet d'économiser une place importante.

Il faut que l'évier, le bassin des eaux ménagères et le foyer se trouvent d'un même côté pour que la ménagère ne soit pas dérangée par les personnes qui entrent.

Rez-de-Chaussée (0,005)

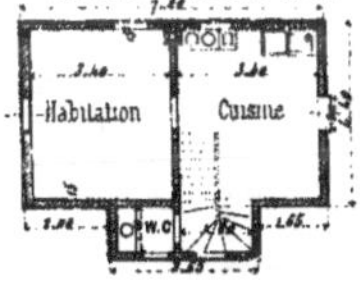

Habitation   Cuisine   W.C.

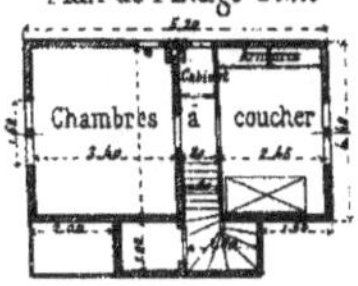

L'espace autour des habitations a été pavé & le sol est drainé. Les maisons sont disposées autour d'un square. Dans les maisons en lignes, on établit une façade sur le square et l'autre sur la rue. La ventilation est parfaite.

Plan de l'Etage à 0,005

Chambres à coucher

Echelle de 0,001 (Elévations)

Echelle à 0,005 (Plans)

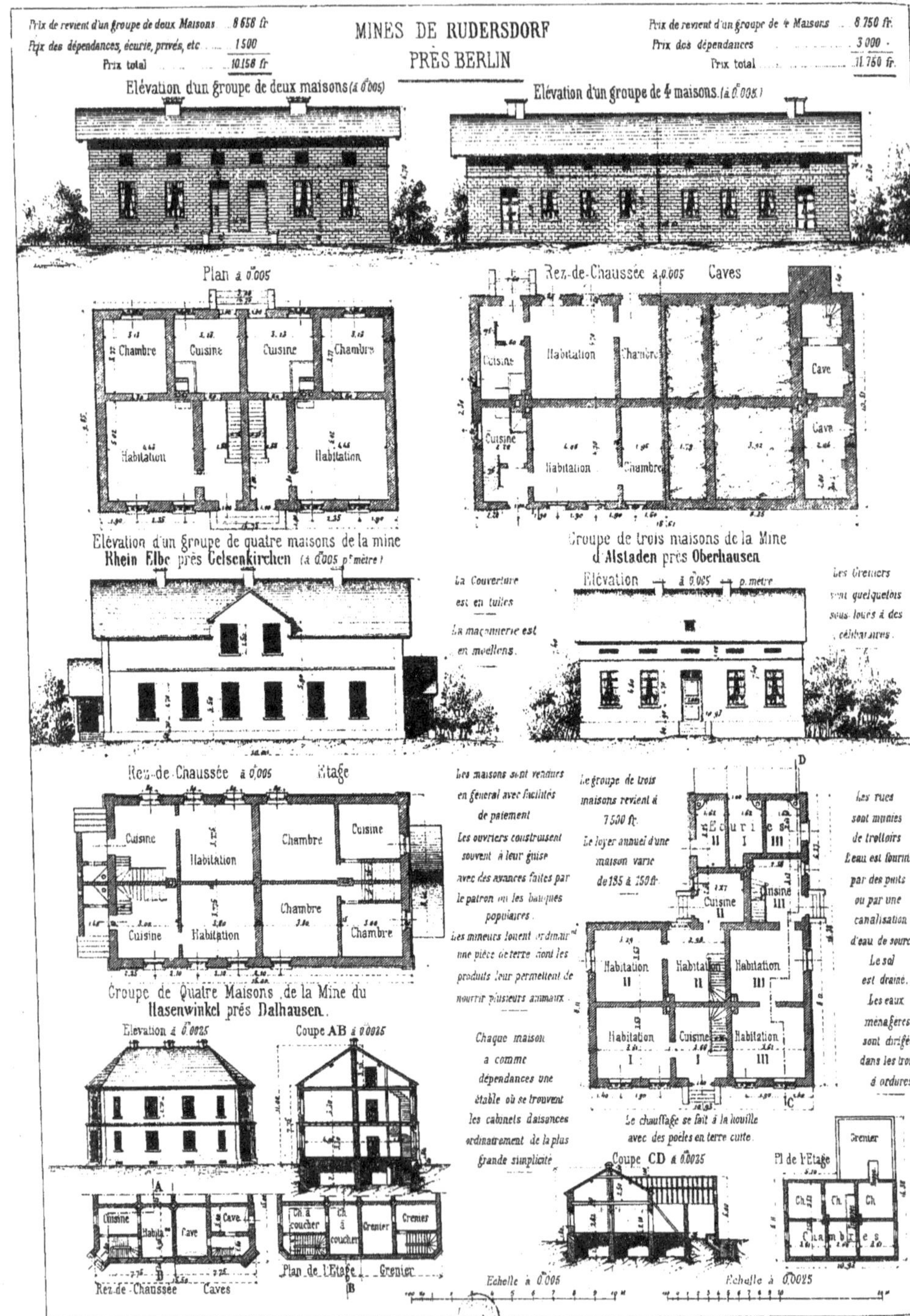

HABITATIONS OUVRIÈRES ALLEMANDES
Planche N°. 37
Prix de revient d'un groupe de deux Maisons ... 8 658 fr
Prix des dépendances, écurie, privés, etc ... 1500
Prix total ... 10.158 fr
MINES DE RUDERSDORF
PRÈS BERLIN
Prix de revient d'un groupe de 4 Maisons ... 8 750 fr
Prix des dépendances ... 3 000
Prix total ... 11.750 fr.
Elévation d'un groupe de deux maisons (à 0.005)
Elévation d'un groupe de 4 maisons. (à 0.005)
Plan à 0.005
Rez-de-Chaussée à 0.005   Caves
Chambre   Cuisine   Cuisine   Chambre
Habitation   Habitation
Cuisine   Habitation   Chambre   Cave
Cuisine   Habitation   Chambre   Cave
Elévation d'un groupe de quatre maisons de la mine
Rhein Elbe près Gelsenkirchen (à 0.005 p. mètre)
Groupe de trois maisons de la Mine
d'Alstaden près Oberhausen
La Couverture est en tuiles
La maçonnerie est en moellons.
Les Greniers sont quelquefois sous-loués à des célibataires.
Elévation   à 0.005   p. mètre
Rez-de-Chaussée à 0.005   Etage
Cuisine   Habitation   Chambre   Cuisine
Cuisine   Habitation   Chambre   Chambre
Groupe de Quatre Maisons de la Mine du
Hasenwinkel près Dalhausen.
Elévation à 0.0025   Coupe AB à 0.0025
Les maisons sont vendues en général avec facilités de paiement
Les ouvriers construisent souvent à leur guise avec des avances faites par le patron ou les banques populaires.
Les mineurs louent ordinairement une pièce de terre dont les produits leur permettent de nourrir plusieurs animaux
Chaque maison a comme dépendances une étable où se trouvent les cabinets d'aisances ordinairement de la plus grande simplicité
Le groupe de trois maisons revient à 7 500 fr.
Le loyer annuel d'une maison varie de 135 à 150 fr.
Le chauffage se fait à la houille avec des poêles en terre cuite.
Les rues sont munies de trottoirs
L'eau est fournie par des puits ou par une canalisation d'eau de source.
Le sol est drainé.
Les eaux ménagères sont dirigées dans les trous à ordures.
Ecurie
Cuisine   Cuisine
Habitation   Habitation   Habitation
Habitation   Cuisine   Habitation
Cuisine   Habit   Cave   Cave
Ch. à coucher   Ch. à coucher   Grenier   Grenier
Rez-de-Chaussée   Caves
Plan de l'Etage   Grenier
Coupe CD à 0.0025
Pl. de l'Etage
Grenier
Ch.   Ch.   Ch.
Chambres
Echelle à 0.005
Echelle à 0.0025
Aut. Thiéllry et Cie. 150 Rue de Lafayette Paris

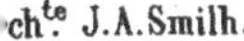

MAISONS AVENUE DE SACRAMENTO
CHICAGO ILLINOIS

..es maisons de ce type peuvent ..re mises à la portée de la bourse de l'ouvrier, quand on en fait beaucoup et quand on emploie des briques faites sur place.

L'architecte de ces maisons a obtenu le prix de 5000 fr à la suite d'un concours organisé par Mr Sydney Myers, directeur d'une banque populaire.

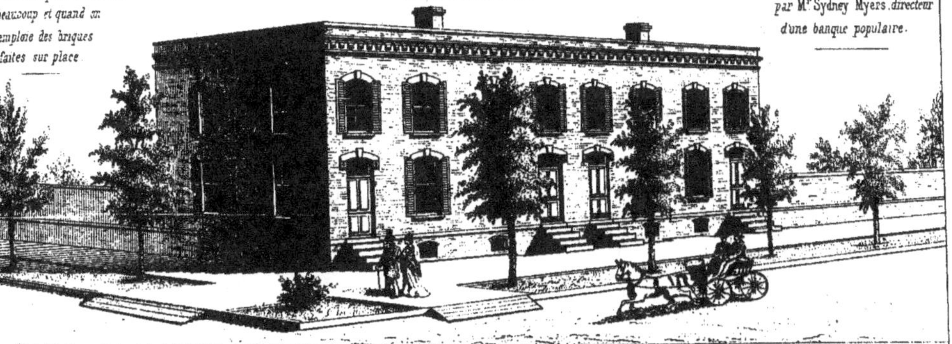

Les murs de caves sont en moellons. Ils reposent sur une couche de béton.

Le sol est drainé au moyen de tuyaux en terre cuite.

L'eau de la ville est amenée dans les maisons. Les eaux ménagères sont envoyées à l'égout.

Les constructions sont à l'épreuve du feu.

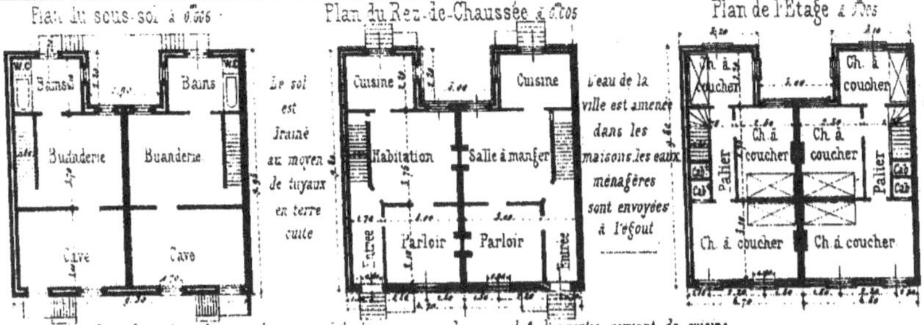

Plan du sous-sol à 0.005
W.C.
Bains
Bains
Buanderie
Buanderie
Cave
Cave
Plan du Rez-de-Chaussée à 0.005
Cuisine
Cuisine
Habitation
Salle à manger
Parloir
Parloir
Entrée
Entrée
Plan de l'Etage à 0.005
Ch. à coucher
Ch. à coucher
Ch. à coucher
Ch. à coucher
Palier
Palier
Cab
Cab
Ch. à coucher
Ch. à coucher

Pour la maison d'un simple ouvrier, il faudra supprimer le sous-sol & l'appentis servant de cuisine.

MAISON AUX ENVIRONS DE NEW-YORK (4 Kilomètres)

Des trains spéciaux sont organisés pour permettre aux employés d'habiter les environs de la ville.

La Couverture est en bardeaux. En France on ne les tolérerait pas à cause des incendies.

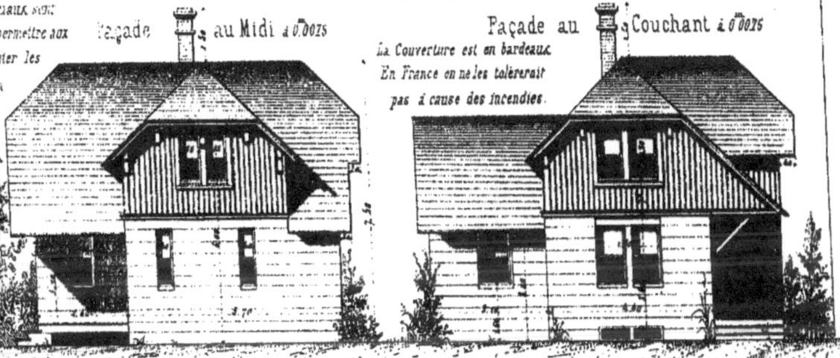

Façade au Midi à 0.0075
Façade au Couchant à 0.0075

Devis

Charpente et Menuiserie	2.675 fr
Maçonnerie	1.125
Matériaux de maçonnerie	500
Citerne, Puits et Pompe	575
Peinture	175
Terrasse	125
Total	5.155 fr.

Les murs intérieurs sont plâtrés au blanc de bourre, sur lattis.

Les murs du rez-de-chaussée ont 0.25 d'épaisseur. Ils sont en moellons posés au bain de mortier de chaux dans des caissons.

La forme de la charpente n'est pas à imiter, elle est trop coûteuse.

Il faut éviter les croupes dans les maisons économiques.

La citerne est placée sous la chambre où l'on dépose les outils. L'eau est puisée au moyen d'une pompe.

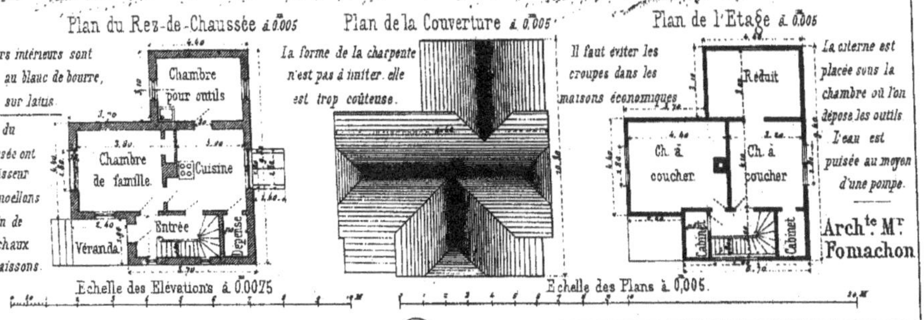

Plan du Rez-de-Chaussée à 0.005
Chambre pour outils
Chambre de famille
Cuisine
Entrée
Dépense
Véranda
Plan de la Couverture à 0.005
Plan de l'Etage à 0.005
Réduit
Ch. à coucher
Ch. à coucher
Cabinet
Cabinet
Echelle des Elévations à 0.0075
Echelle des Plans à 0.005

Arch.^te M.r Fornachon

Imp. Thieffry et C.ie, Rue de Lafayette, 150, Paris

Conditions du Bail

Tous les loyers seront payés chaque semaine le samedi soir à l'avance entre 7 & 10 heures à l'agent de la Société, dans son logement situé dans la maison.

Les locataires désirant payer leurs loyers à l'avance jouiront d'une déduction de 0^f 50 par semaine sur le loyer ainsi payé.

Les locataires ne payant pas d'avance recevront congé.

Les locataires seront tenus de remettre en état les lieux dégradés par leur faute.

En cas d'accident à la conduite des eaux, aux carreaux, etc, il faut en prévenir immédiatement le gérant qui fera exécuter les travaux au compte du locataire.

Il n'est permis à aucun locataire de sous-louer une partie de son logement ou de prendre des pensionnaires.

Réglements concernant la police intérieure des Maisons

1º Les salles & balcons doivent être nettoyés chaque matin par les locataires des appartements qui s'en servent. Tout nettoyage, battage de tapis doit être fait avant 10 heures.

2º Aucune matière solide ne pourra être jetée dans les tuyaux à eau. Tous les résidus devront être brûlés et les cendres jetées dans les trous à ordures.

3º Les habits ne pourront être pendus en dehors des fenêtres. Aucun chien ne sera toléré dans les lieux loués. On ne pourra enfoncer des clous dans le mur sans la permission du gérant.

4º Il est interdit aux enfants de jouer sur les terrasses, escaliers & balcons.

5º Les locataires causant des troubles ne seront pas tolérés. Le gérant est nommé pour faire exécuter le présent règlement; il sera immédiatement remplacé s'il néglige de le faire.

6º Les clefs des salles de bains seront délivrées par le gérant. Aucune rétribution n'est demandée pour leur usage, mais les locataires seront assez raisonnables pour les rendre en parfait état après s'en être servi.

7º Pendant les temps froids il faudra avoir de l'eau chaude dans les buanderies, pour les tuyaux d'eau. Il est défendu de laisser couler l'eau sans nécessité.

8º Les portes d'entrée seront fermées à 11 heures du soir, mais chaque locataire aura une clef de nuit.

TYPES DE LA BUILDING SOCIÉTÉ D'HALIFAX

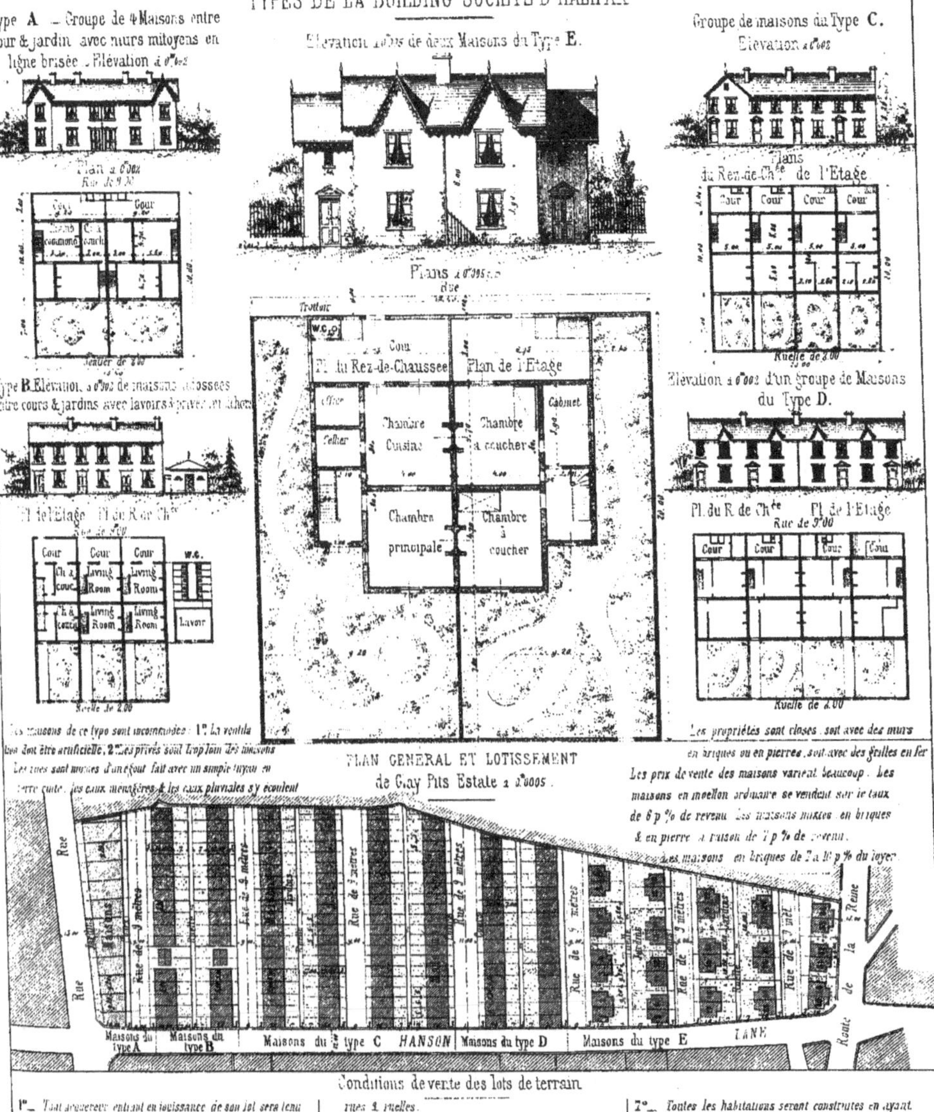

Conditions de vente des lots de terrain

1°— Tout acquéreur entrant en jouissance de son lot sera tenu de se clore immédiatement, ou de payer aux vendeurs les frais de clôture suivant l'estimation de l'Arch.te de la Soc.té

2°— Les rues & ruelles indiquées sur le plan général doivent conserver leur largeur, elles doivent en outre rester libres de tout dépôt et de toute immondice, elles sont faites sous la direction de l'Architecte de la Société.

3°— Les ruelles ne peuvent avoir moins de 1m.80 de large.

4°— Les dépenses relatives à l'entretien des rues & ruelles doivent être supportées par les acquéreurs des lots, proportionnellement à la longueur des façades sur les rues & ruelles.

5°— Tous les frais relatifs aux égouts, aux drains, aux bouches d'égout dont la construction sera ordonnée par le conseil de salubrité d'Halifax, seront supportés par l'acquéreur; dans le cas où ce dernier ne ferait pas droit à une demande par écrit concernant ce sujet, la société exécutera les travaux aux frais du preneur.

6°— Les dites rues & ruelles seront toujours soumises à un droit de passage pour tout objet, au profit des vendeurs, des acquéreurs & des agents de la société. Il en sera de même des égouts et des drains.

7°— Toutes les habitations seront construites en ayant égard aux lignes de construction tracées sur le plan ci-dessus.

8°— Les vendeurs se réservent le droit de faire les rues & ruelles à leur guise et de modifier le plan général.

9°— La surface des lots comprend la moitié de la rue & de la ruelle y attenante, elle peut être plus grande ou plus petite que celle indiquée sur l'acte de vente.

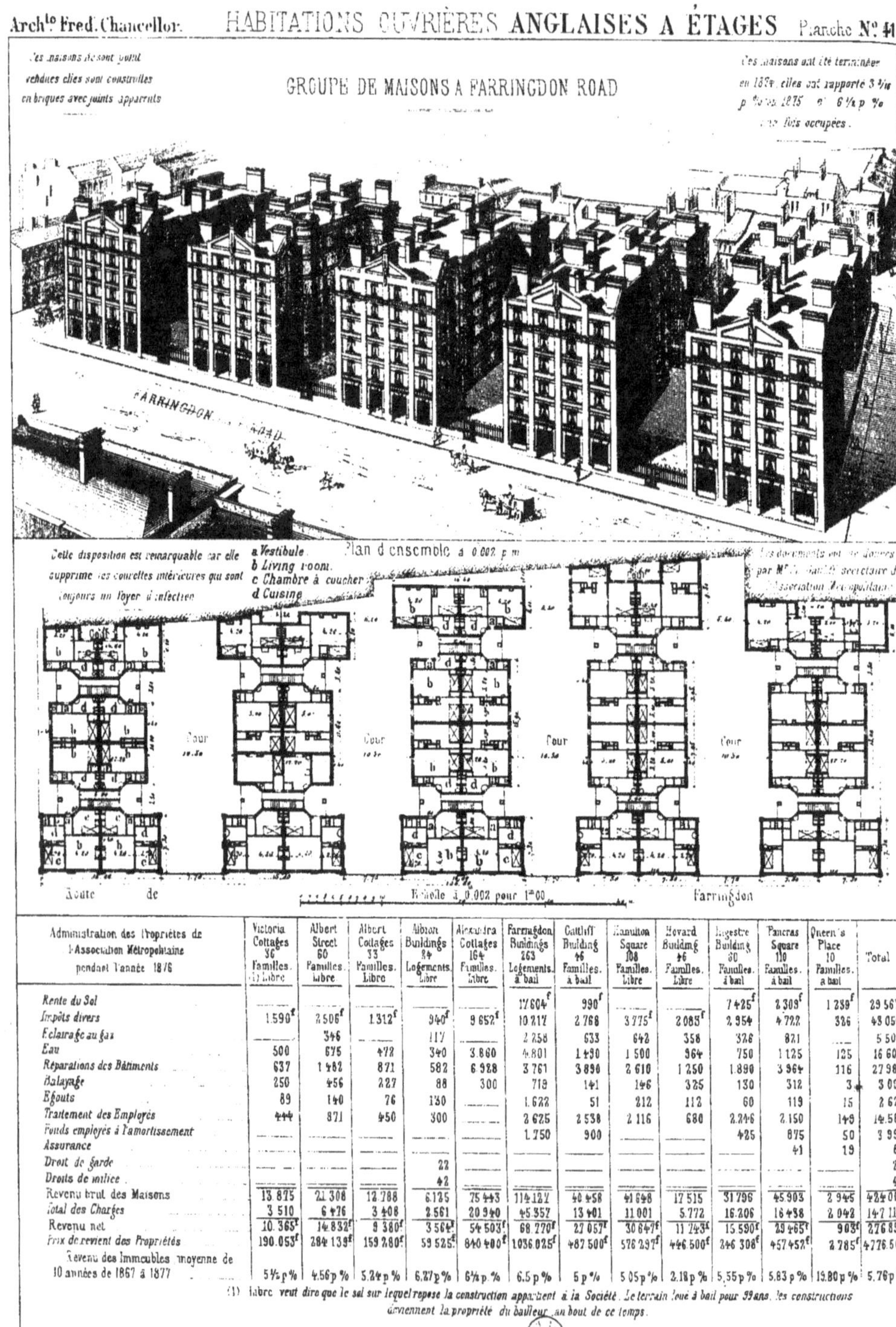

Administration des Propriétés de l'Association Métropolitaine pendant l'année 1876	Victoria Cottages 36 Familles. (1) Libre	Albert Street 60 Familles. Libre	Albert Cottages 33 Familles. Libre	Albion Buildings 84 Logements. Libre	Alexandra Cottages 164 Familles. Libre	Farringdon Buildings 263 Logements. à bail	Gatliff Building 46 Familles. à bail	Hamilton Square 108 Familles. Libre	Hovard Building 46 Familles. Libre	Ingestre Building 80 Familles. à bail	Pancras Square 110 Familles. à bail	Queen's Place 10 Familles. à bail	Total
Rente du Sol						17.604^f	990^f			7.425^f	2.309^f	1.289^f	29.567^f
Impôts divers	1.590^f	2.506^f	1.312^f	940^f	9.652^f	10.217	2.768	3.775^f	2.083^f	2.954	4.722	326	43.054
Eclairage au gaz		346		117		2.258	633	642	358	326	821	....	5.501
Eau	500	675	472	340	3.860	4.801	1.430	1.500	964	750	1.125	125	16.602
Réparations des Bâtiments	637	1.482	871	582	6.928	3.761	3.890	2.610	1.250	1.890	3.964	116	27.981
Balayage	250	456	227	88	300	719	141	146	325	130	312	3.+	3.092
Egouts	89	140	76	130		1.622	51	212	112	60	119	15	2.626
Traitement des Employés	444	871	450	300		2.625	2.538	2.116	680	2.246	2.150	149	14.569
Fonds employés à l'amortissement						1.750	900			425	875	50	3.995
Assurance											41	19	60
Droit de garde				22									22
Droits de milice				42									42
Revenu brut des Maisons	13.875	21.308	12.788	6.125	75.443	114.127	40.458	41.648	17.515	31.796	45.903	2.945	424.007
Total des Charges	3.510	6.476	3.408	2.561	20.940	45.357	13.401	11.001	5.772	16.206	16.438	2.042	147.116
Revenu net	10.365^f	14.832^f	9.380^f	3.564^f	54.503^f	68.770^f	27.057^f	30.647^f	11.243^f	15.590^f	29.465^f	903^f	276.891^f
Prix de revient des Propriétés	190.053^f	284.139^f	159.280^f	59.525^f	840.400^f	1.036.025^f	487.500^f	576.297^f	446.500^f	246.308^f	457.452^f	2.785^f	4.776.502^f
Revenu des Immeubles moyenne de 10 années de 1867 à 1877	5½ p %	4.56 p %	5.24 p %	6.27 p %	6½ p %	6.5 p %	5 p %	5.05 p %	2.18 p %	5.55 p %	5.83 p %	19.80 p %	5.76 p %

(1) Libre veut dire que le sol sur lequel repose la construction appartient à la Société. Le terrain loué à bail pour 99 ans, les constructions deviennent la propriété du bailleur au bout de ce temps.

GROUPES DE DEUX MAISONS DISPOSÉES EN LIGNES.

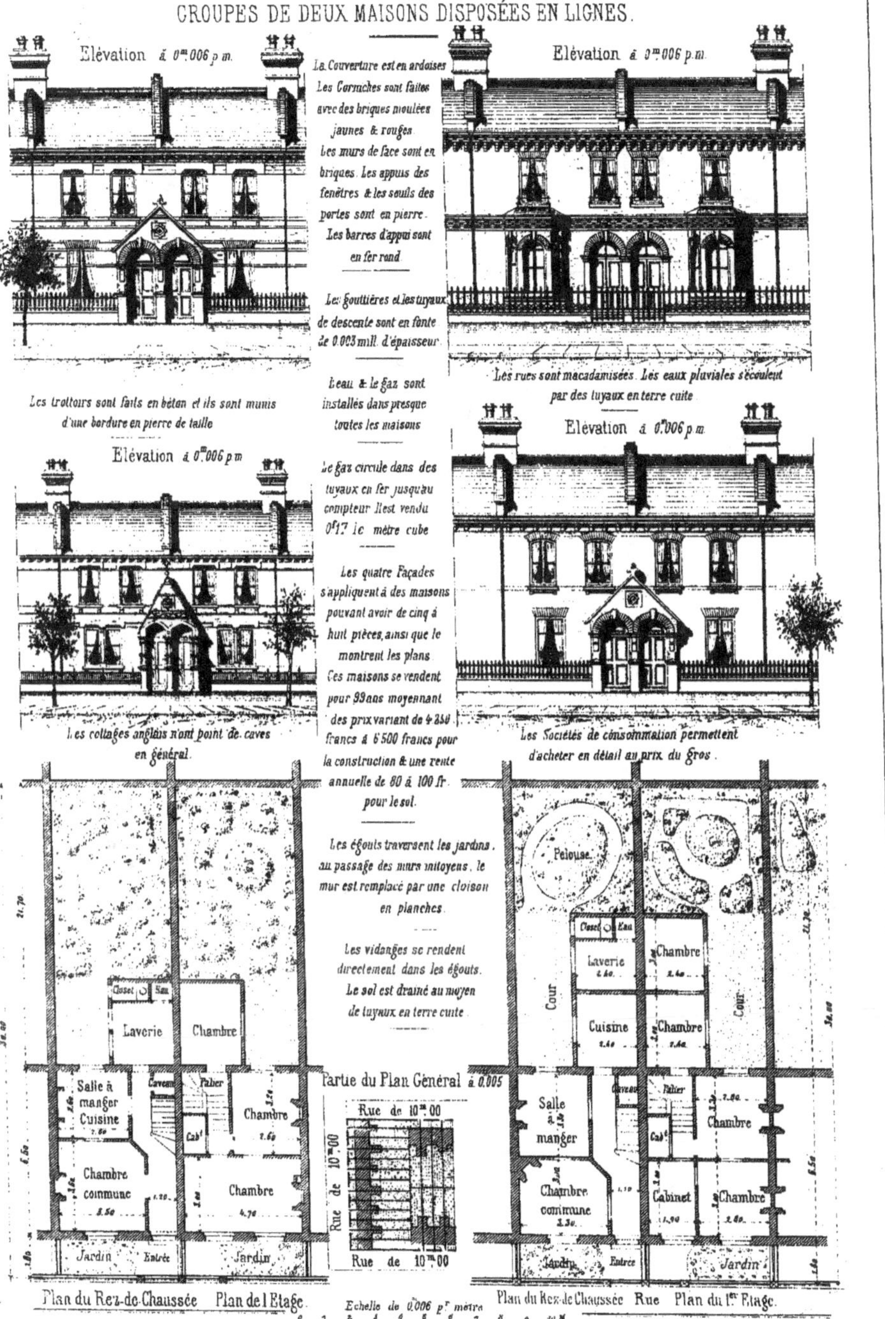

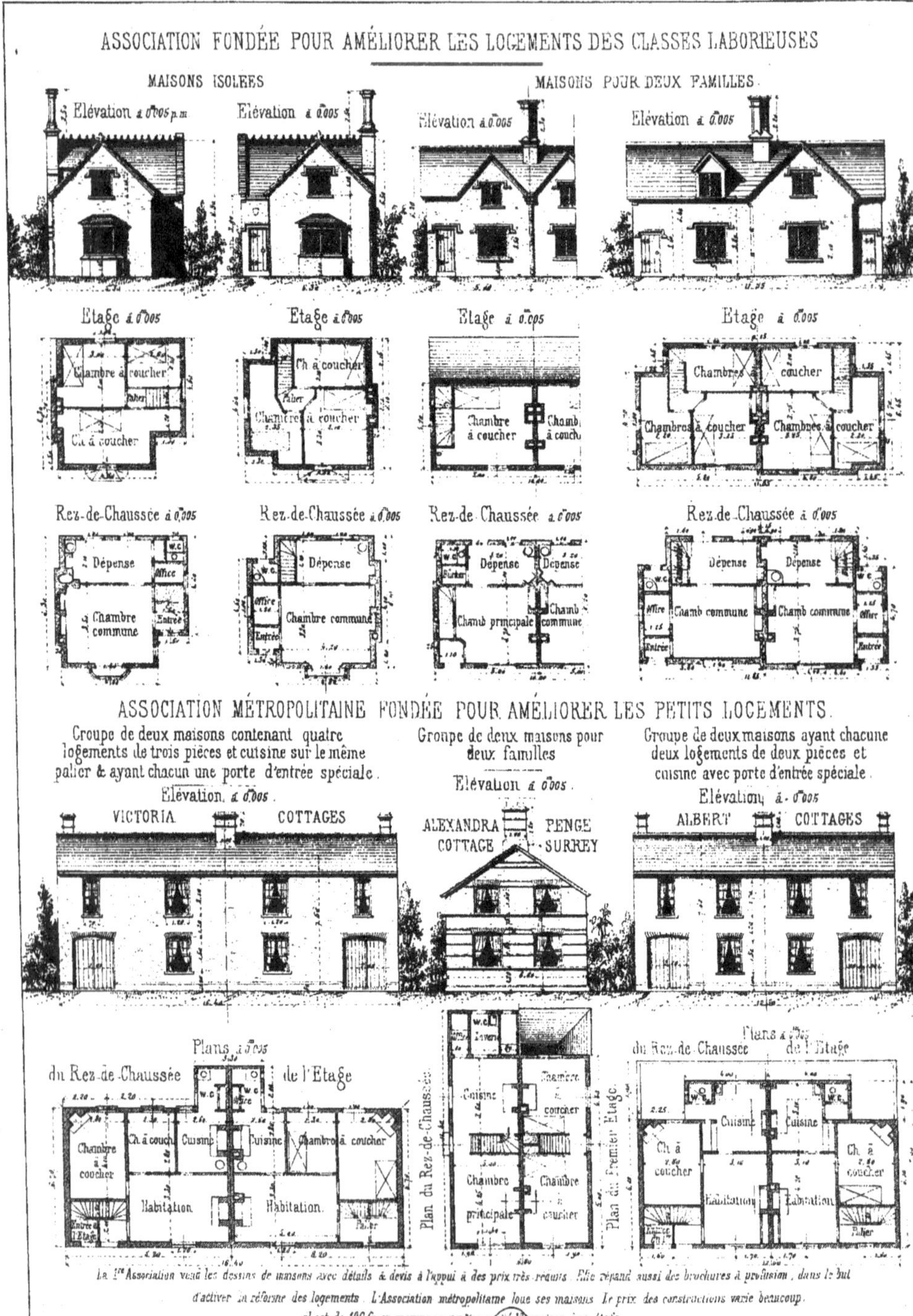

La 1.re Association vend les dessins de maisons avec détails & devis à l'appui à des prix très réduits. Elle répand aussi des brochures à profusion, dans le but
d'activer la réforme des logements. L'Association métropolitaine loue ses maisons. Le prix des constructions varie beaucoup,
il est de 100 fr en moyenne par mètre carré de maison à un étage.

GROUPE DE QUATRE MAISONS DISPOSÉES POUR LOGER HUIT FAMILLES.

Prix de revient d'une maison
à 2 logements ______ 2 757.40
Prix du Jardin ______ 215.00

Total ______ 2.972.40

Prix de location par semaine d'un logement composé d'une chambre, d'une cuisine, cave et grenier ______ 1.93

25 Groupes de maisons analogues ont été construites à Bubna.

La Société établit et entretient les routes, construit les puits, amène l'eau dans les maisons, plante des arbres etc. etc.

A Smichow la Société a établi 34 maisons ayant chacune quatre logements et de types variés.

Les locataires sont soumis à un règlement minutieux, ils ne peuvent sous-louer leurs logem.^{ts} et y loger à la nuit.

Le locataire peut quitter la maison en dénonçant 15 jours à l'avance et remet les localités dans l'état où il les a reçues.

Les frais de contrat, les petites réparations sont à la charge du locataire.

Élevation (à 0.^m01).

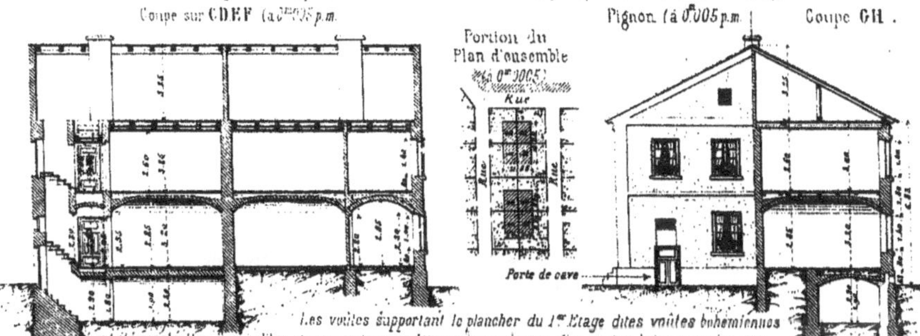

Les murs de face sont faits avec des moellons et ils sont recouverts par un enduit en mortier. Les nouvelles maisons ont des murs moins épais et des planchers avec solives en fer. On n'emploie plus les voûtes décrites ci-après.

Coupe sur CDEF (à 0.^m005 p.m.) — **Portion du Plan d'ensemble** (à 0.^m005) — **Pignon** (à 0.005 p.m.) — **Coupe GH.**

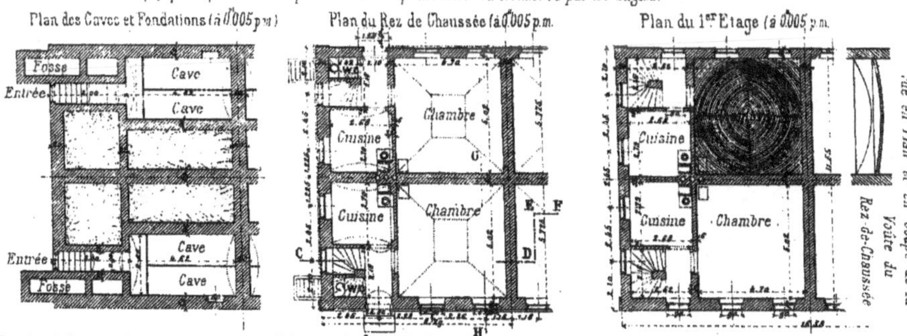

Les voûtes supportant le plancher du 1.er Étage dites voûtes bohémiennes ont été construites à main libre et sans cintres, par des ouvriers spéciaux, elles sont en briques posées par assises de façon que la pression se répartisse sur les quatre murs. On commence par les angles.

Plan des Caves et Fondations (à 0.005 p.m.) — **Plan du Rez de Chaussée** (à 0.005 p.m.) — **Plan du 1.er Étage** (à 0.005 p.m.)

La Société de Prague a été constituée au Capital de 300.000.^f — Elle donne 5 % à ses actionnaires. Elle a pour but de: 1.° Construire des maisons ouvrières avec jardins, 2.° Louer ces maisons à des ouvriers, 3.° Les vendre par annuités à des ouvriers méritants; 4.° Construire des bains, des lavoirs, des écoles et asiles, etc.

Échelle à 0.^m005 p.^r 1.^m00

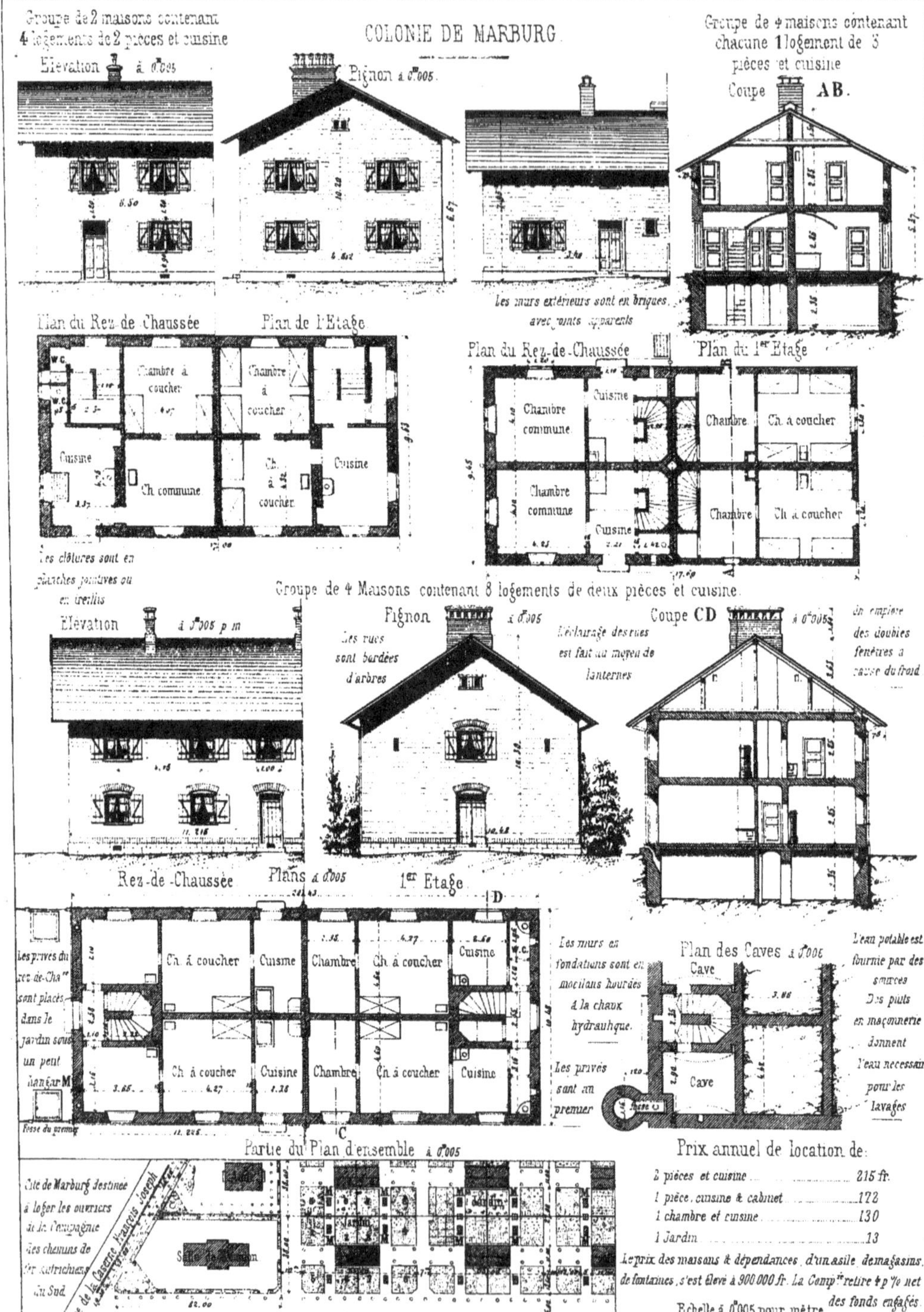
COLONIE DE MARBURG.
Groupe de 2 maisons contenant 4 logements de 2 pièces et cuisine
Élévation à 0.m005
Pignon à 0.m005
Groupe de 4 maisons contenant chacune 1 logement de 3 pièces et cuisine
Coupe AB.
Plan du Rez-de-Chaussée
Plan de l'Etage
W.C.
W.C.
Chambre à coucher
Chambre à coucher
Cuisine
Ch. commune
Ch. à coucher
Cuisine
Les clôtures sont en planches jointives ou en treillis
Les murs extérieurs sont en briques avec joints apparents
Plan du Rez-de-Chaussée
Plan du 1.er Etage
Chambre commune
Cuisine
Chambre
Ch. à coucher
Chambre commune
Cuisine
Chambre
Ch. à coucher
Groupe de 4 Maisons contenant 8 logements de deux pièces et cuisine.
Élévation à 0.m005 p m
Pignon à 0.m005
Coupe CD à 0.m005
Les rues sont bordées d'arbres
L'éclairage des rues est fait au moyen de lanternes
on emploie des doubles fenêtres à cause du froid
Rez-de-Chaussée
Plans à 0.m005
1.er Etage
Plan des Caves à 0.m005
Cave
Cave
Les privés du rez-de-Cha.ée sont placés dans le jardin sous un petit hangar M
Ch. à coucher
Cuisine
Chambre
Ch. à coucher
Cuisine
Ch. à coucher
Cuisine
Chambre
Ch. à coucher
Cuisine
Les murs en fondations sont en moellons hourdés à la chaux hydraulique.
Les privés sont au premier
L'eau potable est fournie par des sources. Des puits en maçonnerie donnent l'eau nécessaire pour les lavages
Fosse du premier
Partie du Plan d'ensemble à 0.m005
Cité de Marburg destinée à loger les ouvriers de la compagnie des chemins de fer autrichiens du Sud
Jardin
Prix annuel de location de:
2 pièces et cuisine .... 215 fr.
1 pièce, cuisine & cabinet 172
1 chambre et cuisine 130
1 Jardin 13
Le prix des maisons & dépendances, d'un asile, de magasins, de fontaines, s'est élevé à 900.000 fr. La Comp.ie retire 4 p % net des fonds engagés
Echelle à 0.m005 pour mètre.

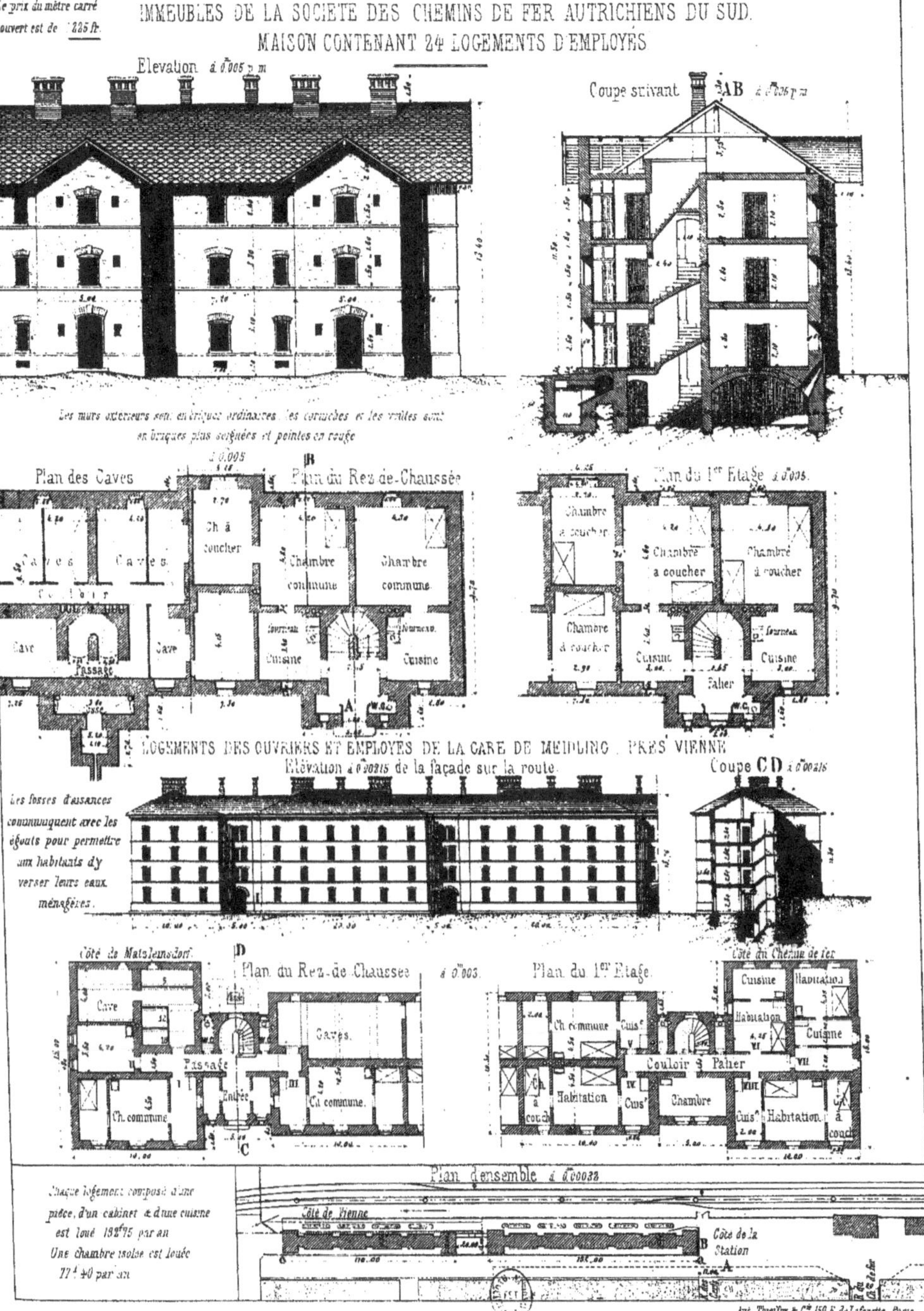
Le prix du mètre carré couvert est de 225 fr.
IMMEUBLES DE LA SOCIÉTÉ DES CHEMINS DE FER AUTRICHIENS DU SUD.
MAISON CONTENANT 24 LOGEMENTS D'EMPLOYÉS
Elevation à 0.005 p m
Coupe suivant AB à 0.005 p m
Les murs extérieurs sont en briques ordinaires, les corniches et les voûtes sont en briques plus soignées et pointes en rouge
à 0.005
Plan des Caves
Plan du Rez-de-Chaussée
Plan du 1er Etage à 0.005
Caves
Couloir
Cave
Passage
Ch à coucher
Chambre commune
Chambre commune
Fourneau
Cuisine
Cuisine
Chambre à coucher
Chambre à coucher
Chambre à coucher
Chambre à coucher
Cuisine
Cuisine
Palier
LOGEMENTS DES OUVRIERS ET EMPLOYÉS DE LA GARE DE MEIDLING PRÈS VIENNE
Elevation à 0.0025 de la façade sur la route
Coupe CD à 0.0025
Les fosses d'aisances communiquent avec les égouts pour permettre aux habitants d'y verser leurs eaux ménagères.
Côté de Matzleinsdorf
Plan du Rez-de-Chaussée à 0.003
Plan du 1er Etage
Côté du Chemin de fer
Cave
Passage
Entrée
Caves
Ch commune
Ch. commune
Cuisine
Habitation
Habitation
Habitation
Couloir
Palier
Chambre
Habitation
Cuisine
Plan d'ensemble à 0.0003
Chaque logement composé d'une pièce, d'un cabinet et d'une cuisine est loué 132f75 par an
Une chambre isolée est louée 77f40 par an
Côté de Vienne
Côté de la Station
Imt Thierry & Cie 150 R de Lafayette. Paris

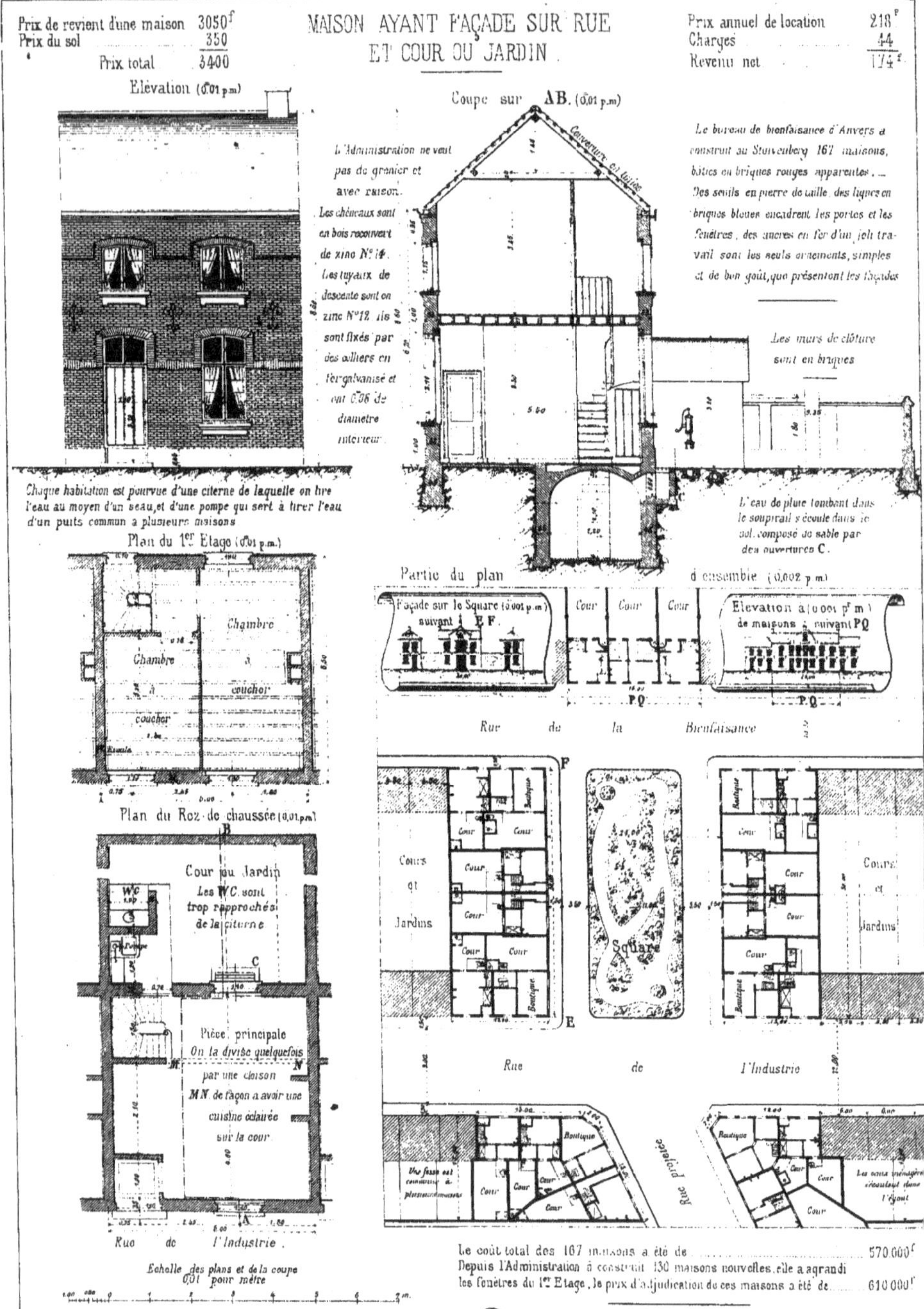
Prix de revient d'une maison 3050f
Prix du sol 350
Prix total 3400
MAISON AYANT FAÇADE SUR RUE ET COUR OU JARDIN.
Prix annuel de location 218f
Charges 44
Revenu net 174f
Élévation (0,01 p.m)
Coupe sur AB. (0,01 p.m)
Couverture en tuiles
L'Administration ne veut pas de grenier et avec raison.
Les chéneaux sont en bois recouvert de zinc N° 14.
Les tuyaux de descente sont en zinc N°12. ils sont fixés par des colliers en fer galvanisé et ont 0.06 de diamètre intérieur.
Le bureau de bienfaisance d'Anvers a construit au Stuivenberg 167 maisons, bâties en briques rouges apparentes.
Des seuils en pierre de taille, des lignes en briques bleues encadrent les portes et les fenêtres, des ancres en fer d'un joli travail sont les seuls ornements, simples et de bon goût, que présentent les façades.
Les murs de clôture sont en briques.
L'eau de pluie tombant dans le soupirail s'écoule dans le sol composé de sable par des ouvertures C.
Chaque habitation est pourvue d'une citerne de laquelle on tire l'eau au moyen d'un seau, et d'une pompe qui sert à tirer l'eau d'un puits commun à plusieurs maisons.
Plan du 1er Étage (0,01 p.m)
Chambre
Chambre à coucher
Chambre à coucher
Plan du Rez-de-chaussée (0,01 p.m)
Cour ou Jardin
Les W.C. sont trop rapprochés de la citerne
W.C.
Pièce principale
On la divise quelquefois par une cloison M N de façon à avoir une cuisine éclairée sur la cour
Rue de l'Industrie.
Échelle des plans et de la coupe 0,01 pour mètre
Partie du plan d'ensemble (0,002 p.m)
Façade sur le Square (0,001 p.m) suivant EF
Cour Cour Cour
Élévation à (0,001 p.m) de maisons suivant PQ
Rue de la Bienfaisance
Cours et Jardins
Boutique
Square
Cours et Jardins
Rue de l'Industrie
Rue projetée
Une fosse est commune à plusieurs maisons
Les eaux ménagères s'écoulent dans l'égout
Le coût total des 167 maisons a été de 570.000f
Depuis l'Administration a construit 130 maisons nouvelles, elle a agrandi les fenêtres du 1er Étage, le prix d'adjudication de ces maisons a été de 610.000f

Prix de revient d'un Groupe de quatre
maisons du Type I .... 14000^f
Surface couverte d'une maison. 22^{m.c.}
Surface d'un jardin. .... 130^{m.c.}
Prix annuel de location d'une maison 240^f

GROUPE DE QUATRE MAISONS
DE LA
CITÉ S^t. GILLES-BRUXELLES.

Prix de revient d'un groupe de quatre
maisons du Type II .... 17000^f
Surface couverte d'une maison. 28^{m.c.}
Surface du jardin d'un ménage 130^{m.c.}
Prix annuel de location d'une maison. 300^f

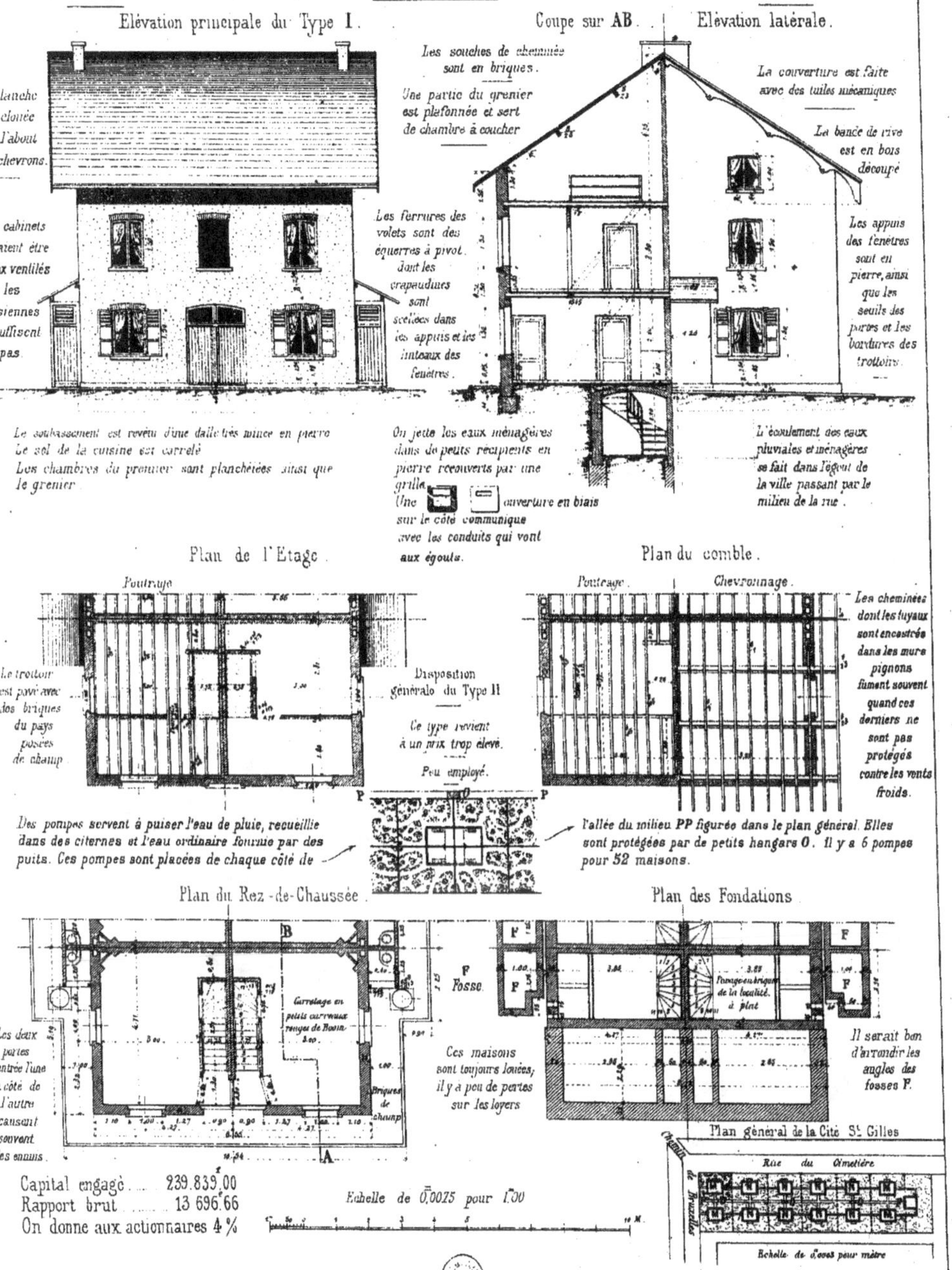

Capital engagé 239.839,00
Rapport brut 13 696,66
On donne aux actionnaires 4 %

MAISONS EN LIGNES ET
MAISON D'ANGLE.

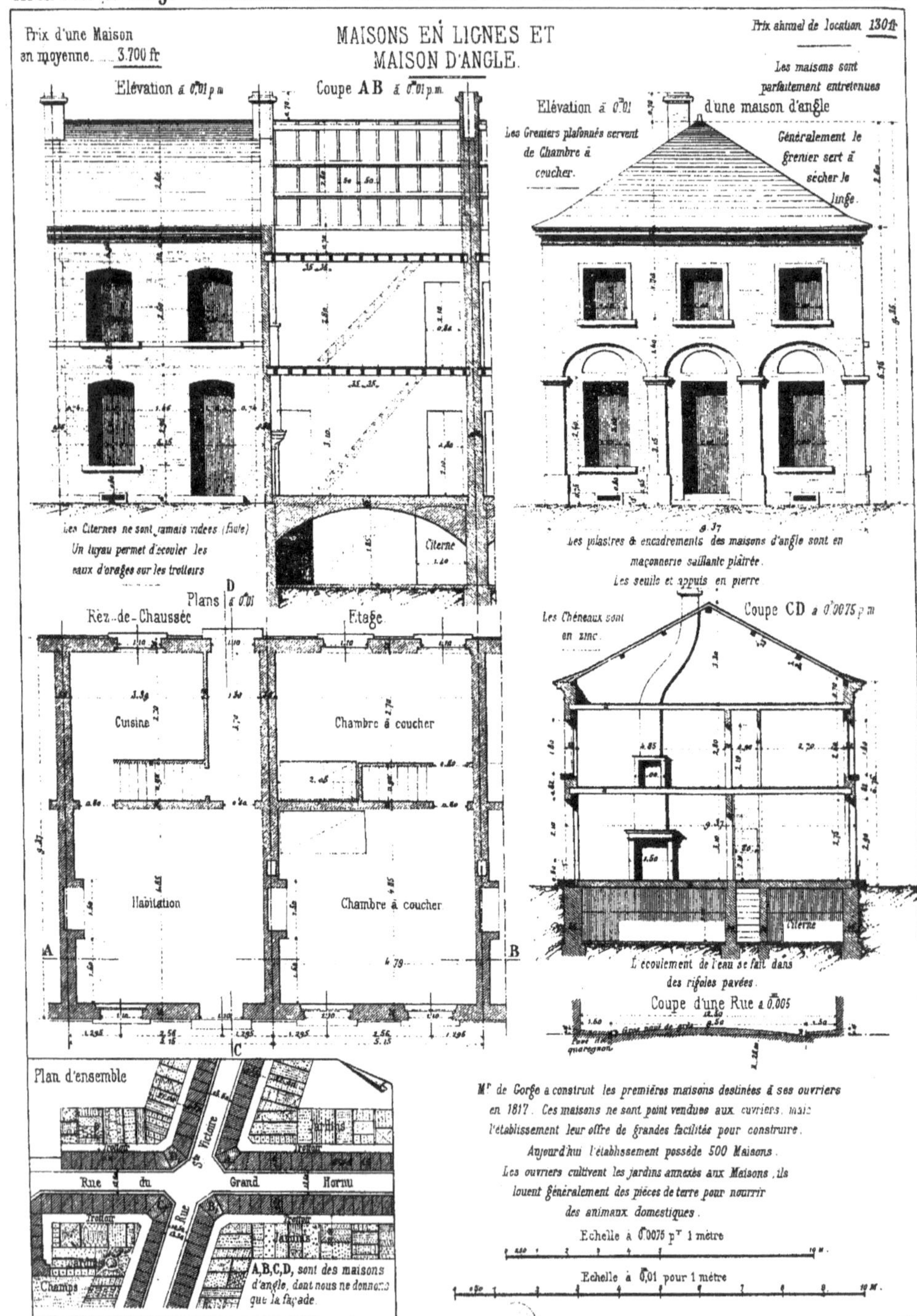

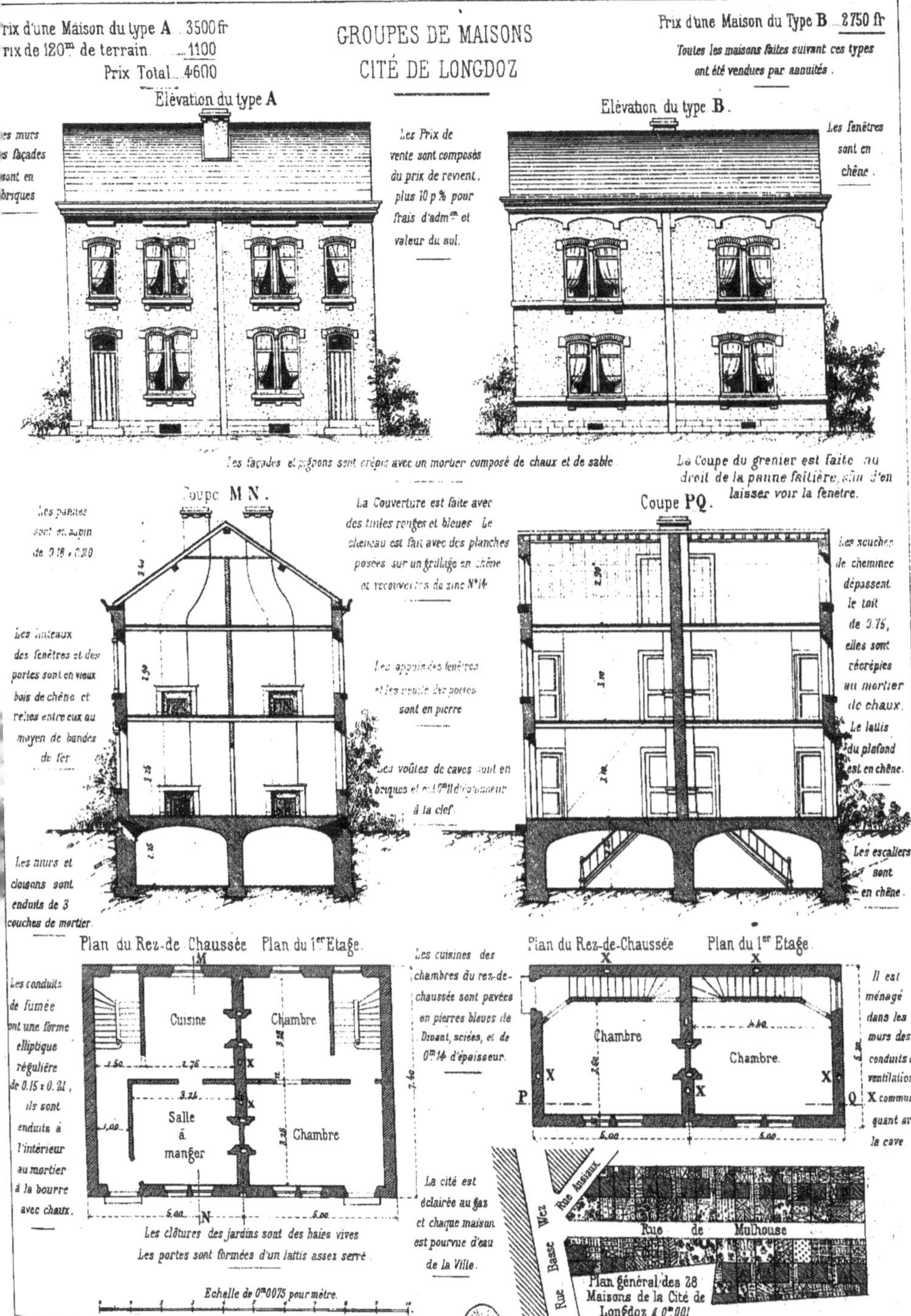
Arch.te A. Hauzeur
HABITATIONS OUVRIÈRES DE LIÉGE
Planche N° 50
Prix d'une Maison du type A .. 3500 fr
Prix de 120 m. de terrain ... 1100
Prix Total .. 4600
GROUPES DE MAISONS
CITÉ DE LONGDOZ
Prix d'une Maison du Type B .. 2750 fr
Toutes les maisons faites suivant ces types
ont été vendues par annuités.
Élévation du type A
Élévation du type B.
Les murs des façades sont en briques
Les Prix de vente sont composés du prix de revient, plus 10 p % pour frais d'adm.on et valeur du sol.
Les fenêtres sont en chêne.
Les façades et pignons sont crépis avec un mortier composé de chaux et de sable.
La Coupe du grenier est faite au droit de la panne faitière, afin d'en laisser voir la fenêtre.
Coupe MN.
Coupe PQ.
Les pannes sont en sapin de 0.18 x 0.20
La Couverture est faite avec des tuiles rouges et bleues. Le chenau est fait avec des planches posées sur un grillage en chêne et recouvertes de zinc N° 14.
Les souches de cheminée dépassent le toit de 0.75, elles sont récrépies au mortier de chaux.
Les linteaux des fenêtres et des portes sont en vieux bois de chêne et reliés entre eux au moyen de bandes de fer.
Les appuis des fenêtres et les seuils des portes sont en pierre.
Les voûtes de caves sont en briques et ont 0m 11 d'épaisseur à la clef.
Le lattis du plafond est en chêne.
Les murs et cloisons sont enduits de 3 couches de mortier.
Les escaliers sont en chêne.
Plan du Rez-de-Chaussée
Plan du 1er Étage.
Plan du Rez-de-Chaussée
Plan du 1er Étage.
Les conduits de fumée ont une forme elliptique régulière de 0.15 x 0.21, ils sont enduits à l'intérieur au mortier à la bourre avec chaux.
Cuisine
Chambre
Salle à manger
Chambre
Les cuisines des chambres du rez-de-chaussée sont pavées en pierres bleues de Dinant, sciées, et de 0m 14 d'épaisseur.
Chambre
Chambre
Il est ménagé dans les murs des conduits de ventilation X communiquant avec la cave.
La cité est éclairée au gaz et chaque maison est pourvue d'eau de la Ville.
Les clôtures des jardins sont des haies vives. Les portes sont formées d'un lattis assez serré.
Echelle de 0m 0075 pour mètre.
Rue Wez Basse
Rue Auriaux
Rue de Mulhouse
Plan général des 28 Maisons de la Cité de Longdoz à 0m 001
Aut. Thierry et Cie, Rue de Lafayette, 150, Paris

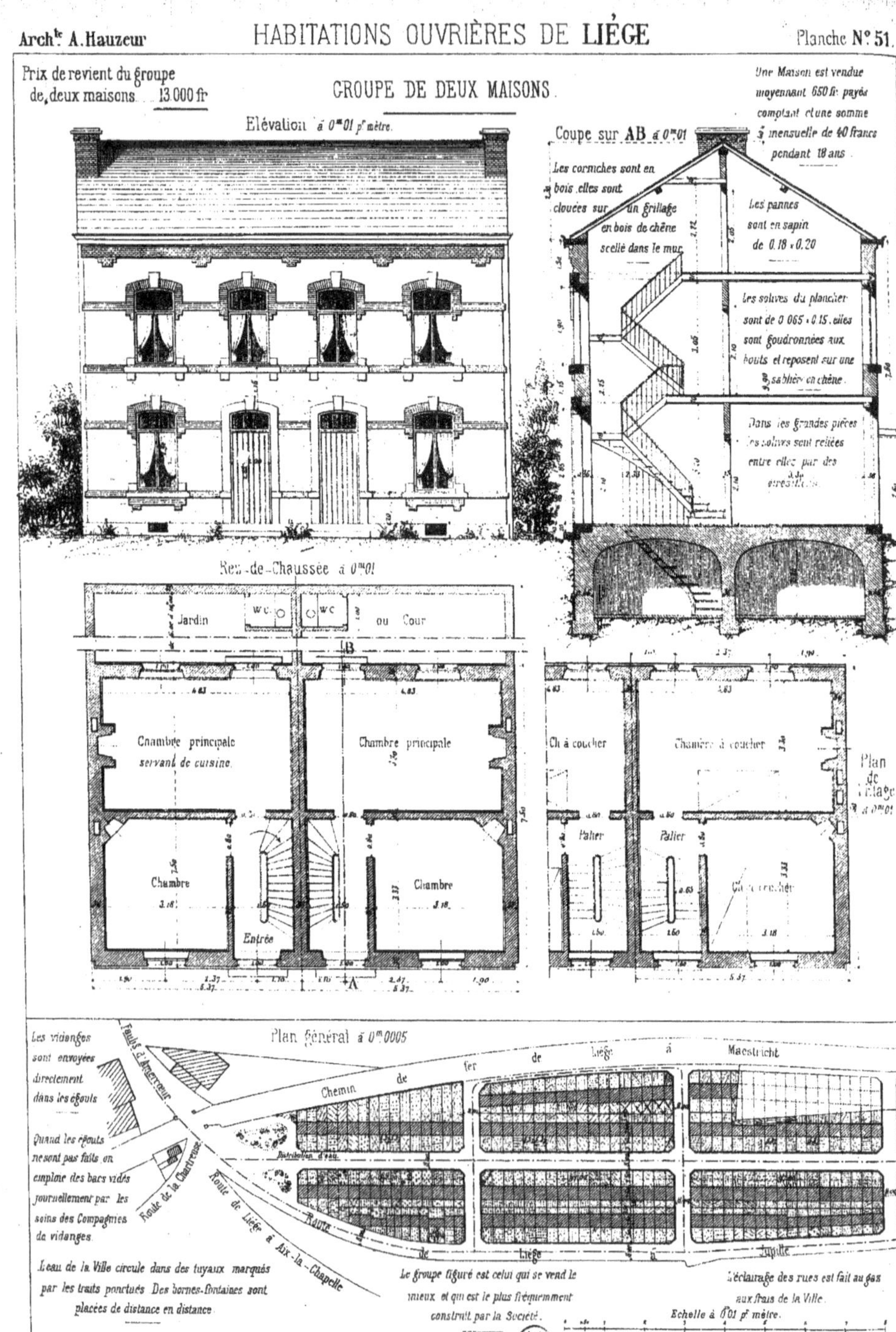

Arch.te A. Hauzeur
HABITATIONS OUVRIÈRES DE LIÉGE
Planche N.° 51.
Prix de revient du groupe de deux maisons. 13.000 fr
GROUPE DE DEUX MAISONS.
Une Maison est vendue moyennant 650 fr. payés comptant d'une somme mensuelle de 10 francs pendant 18 ans
Élévation à 0.m01 p.r mètre.
Coupe sur AB à 0.m01
Les corniches sont en bois, elles sont clouées sur un grillage en bois de chêne scellé dans le mur.
Les pannes sont en sapin de 0.18 × 0.20
Les solives du plancher sont de 0.065 × 0.15 elles sont goudronnées aux bouts et reposent sur une sablière en chêne.
Dans les grandes pièces les solives sont reliées entre elles par des croisillons.
Rez-de-Chaussée à 0.m01
Jardin
W.C. W.C. ou Cour
B
Chambre principale servant de cuisine.
Chambre principale
Ch. à coucher
Chambre à coucher
Plan de l'Étage à 0.m01
Palier Palier
Chambre Chambre
Ch. à coucher
Entrée
A
Plan Général à 0.m0005
Les vidanges sont envoyées directement dans les égouts
Chemin de fer de Liége à Maestricht
Quand les égouts ne sont pas faits on emploie des bacs vidés journellement par les soins des Compagnies de vidanges
Route de la Chartreuse
Faubourg d'Amercœur
Distribution d'eau
Route de Liége à Aix-la-Chapelle
Route de Liége à Jupille
L'eau de la Ville circule dans des tuyaux marqués par les traits ponctués Des bornes-fontaines sont placées de distance en distance
Le groupe figuré est celui qui se vend le mieux et qui est le plus fréquemment construit par la Société.
L'éclairage des rues est fait au gas aux frais de la Ville.
Echelle à 0.01 p.r mètre.

Prix de revient d'une maison 4.800 f
Surface de la maison 45 mc 12
Surface de la cour et des dépend.ces 33 . 25

GROUPE DE DEUX MAISONS
POUR UNE FAMILLE.

Prix de location d'une maison 180 f p. an
Les maisons d'ouvriers ne sont ni
vendues ni sous-louées .

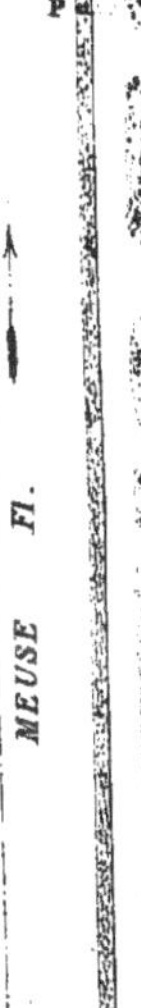

Les cabinets n'ont aucun système pour prévenir l'odeur
Les matières sont mélangées au fumier et employées dans
les champs

Plan général d'un Groupe de 20 Maisons .
(0.m0012S pour 1.m00)

La Communication des chambres à coucher de l'étage
avec les cabinets est difficile .
Cet inconvénient est surtout sensible pour les enfants .

Chemin de Seraing à Ougrée .
Echelle de 0.m0025 pour 1.m00

Les 20 Maisons ont coûté ensemble, tout compris, Chaussées,
Palissades, Egouts, Puits, Fours de Boulangers, etc. 112 067 f.
4 Maisons à 2 étages sont destinées à des employés.
Elles sont placées aux angles et au centre du groupe, on les loue
18 f. par mois. Elles reviennent à 8.800 f, compris les frais de route, etc.

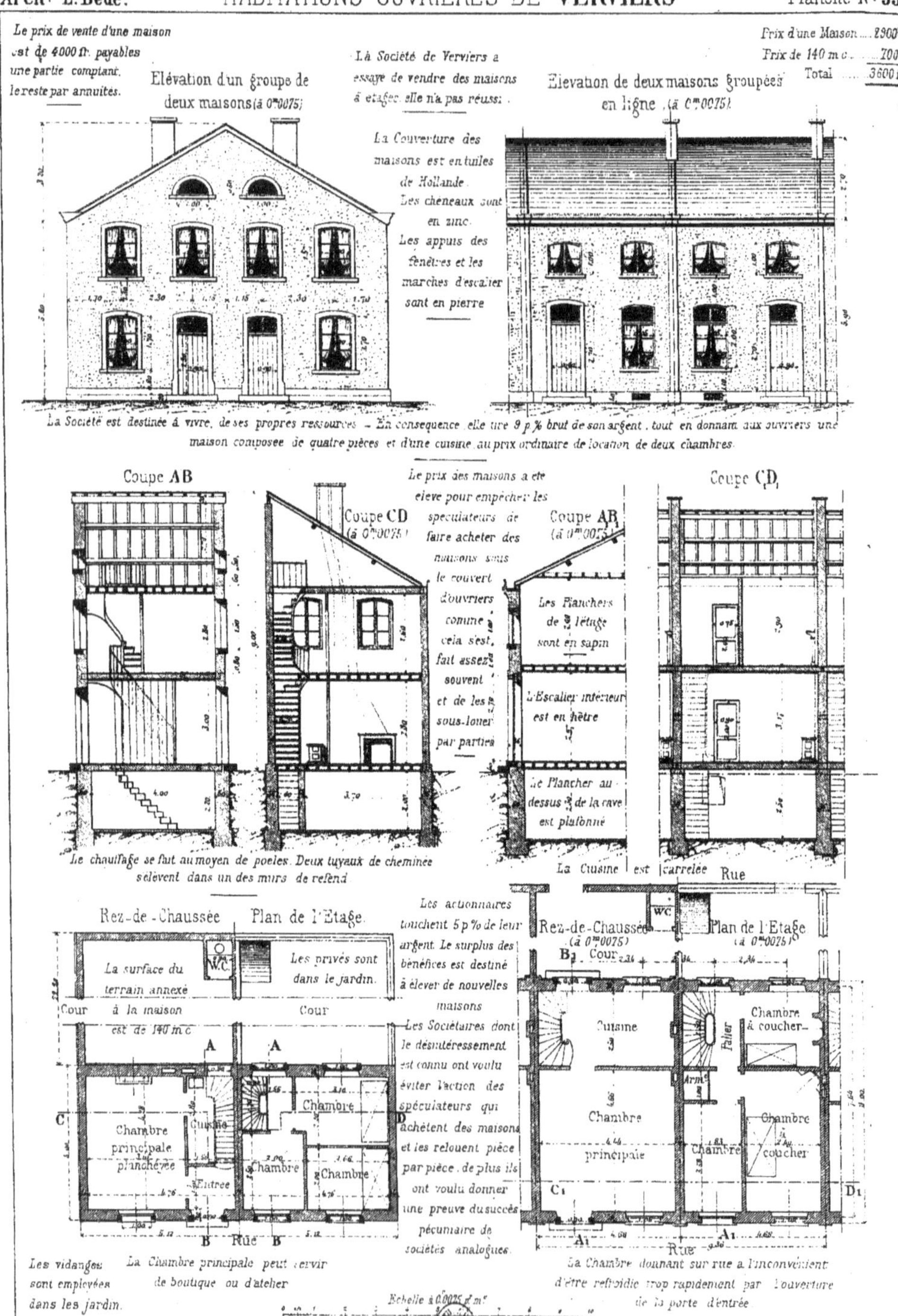
Le prix de vente d'une maison est de 4000 fr. payables une partie comptant, le reste par annuités.
Elévation d'un groupe de deux maisons (à 0.0075)
La Société de Verviers a essayé de vendre des maisons à étage elle n'a pas réussi.
Elévation de deux maisons groupées en ligne (à 0.0075)
Prix d'une Maison 2900
Prix de 140 m c 700
Total .... 3600 f.
La Couverture des maisons est en tuiles de Hollande.
Les cheneaux sont en zinc.
Les appuis des fenêtres et les marches d'escalier sont en pierre.
La Société est destinée à vivre de ses propres ressources — En conséquence elle tire 9 p % brut de son argent, tout en donnant aux ouvriers une maison composée de quatre pièces et d'une cuisine au prix ordinaire de location de deux chambres.
Coupe AB
Coupe CD (à 0.0075)
Le prix des maisons a été élevé pour empêcher les spéculateurs de faire acheter des maisons sous le couvert d'ouvriers comme cela s'est fait assez souvent et de les sous-louer par parties.
Coupe AB (à 0.0075)
Coupe CD
Les Planchers de l'étage sont en sapin
L'Escalier intérieur est en hêtre
Le Plancher au dessus de la cave est plafonné
La Cuisine est carrelée
Rue
Le chauffage se fait au moyen de poeles. Deux tuyaux de cheminée s'élèvent dans un des murs de refend.
Les actionnaires touchent 5 p % de leur argent. Le surplus des bénéfices est destiné à élever de nouvelles maisons. Les Sociétaires dont le désintéressement est connu ont voulu éviter l'action des spéculateurs qui achètent des maisons et les relouent pièce par pièce, de plus ils ont voulu donner une preuve du succès pécuniaire de sociétés analogues.
Rez-de-Chaussée
Plan de l'Etage
La surface du terrain annexé à la maison est de 140 m c
Les privés sont dans le jardin.
W.C.
Cour
Cour
Chambre principale planchéyée
Cuisine
Chambre
Chambre
Chambre
Entrée
Rue
Rez-de-Chaussée (à 0.0075)
Plan de l'Etage (à 0.0075)
WC
Cour
Cuisine
Grenier
Chambre à coucher
Arm.
Chambre principale
Chambre
Chambre à coucher
Rue
Les vidanges sont employées dans les jardins.
La Chambre principale peut servir de boutique ou d'atelier
Echelle à 0.0025 p m
La Chambre donnant sur rue a l'inconvénient d'être refroidie trop rapidement par l'ouverture de la porte d'entrée

MAISONS DE L'ASSOCIATION FONDÉE PAR LES OUVRIERS DE L'USINE BURMEISTER ET WAIN

Les prix de revient des maisons servant à deux ménages varient entre 5000 et 8000.

Le prix annuel de location d'une maison à un étage varie entre 350 et 520 francs

Élévation de 2 types. (à 0m0075.)

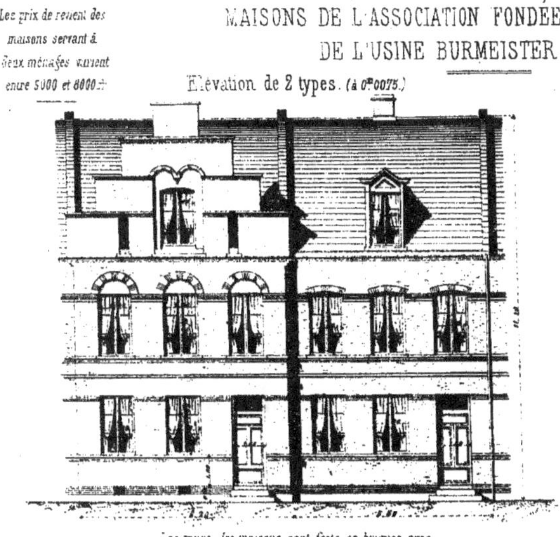

Les murs des maisons sont faits en briques avec joints apparents.

Plans. (à 0m0075)

1er Étage — Rez-de-Chaussée

Échelle de 0m0075 pr 1m00

Coupe sur AB (à 0m0075.)

Un tuyau en plomb amène les eaux sales dans le conduit spécial communiquant avec l'égout. Il est interdit d'envoyer les matières fécales dans les égouts

Observations générales

L'association a pris naissance en 1867. Les sociétaires sont au nombre de 7000.

Chaque maison est faite pour deux familles on les tire au sort parmi les sociétaires au fur et à mesure de leur achèvement

Pendant les dix premières années, le locataire paie un loyer un peu élevé, car il comprend un amortissement considérable. Au bout de dix ans le locataire devient propriétaire en payant en cinq ans au plus, le solde des sommes déboursées par la société.

L'acquéreur peut sous-louer

Vue à vol d'oiseau d'une cité bâtie par les ouvriers de M.M. Burmeister et Wain.

Toutes les rues sont munies de trottoirs et d'un égout. Chaque maison a un conduit particulier débouchant dans l'égout principal.

TYPES DE LA CONSTRUCTORA BENÉFICA, SOCIÉTÉ DE MADRID.

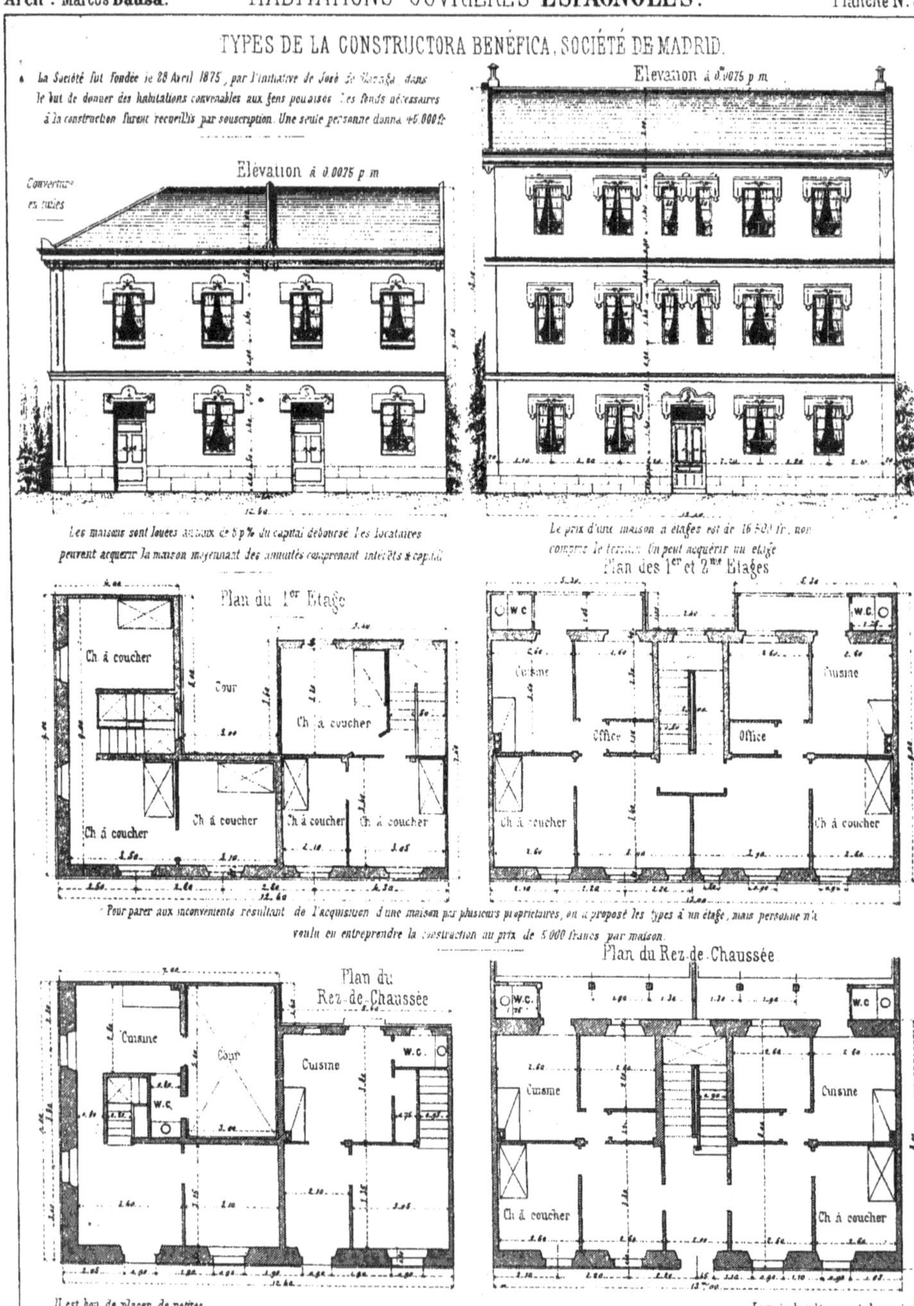

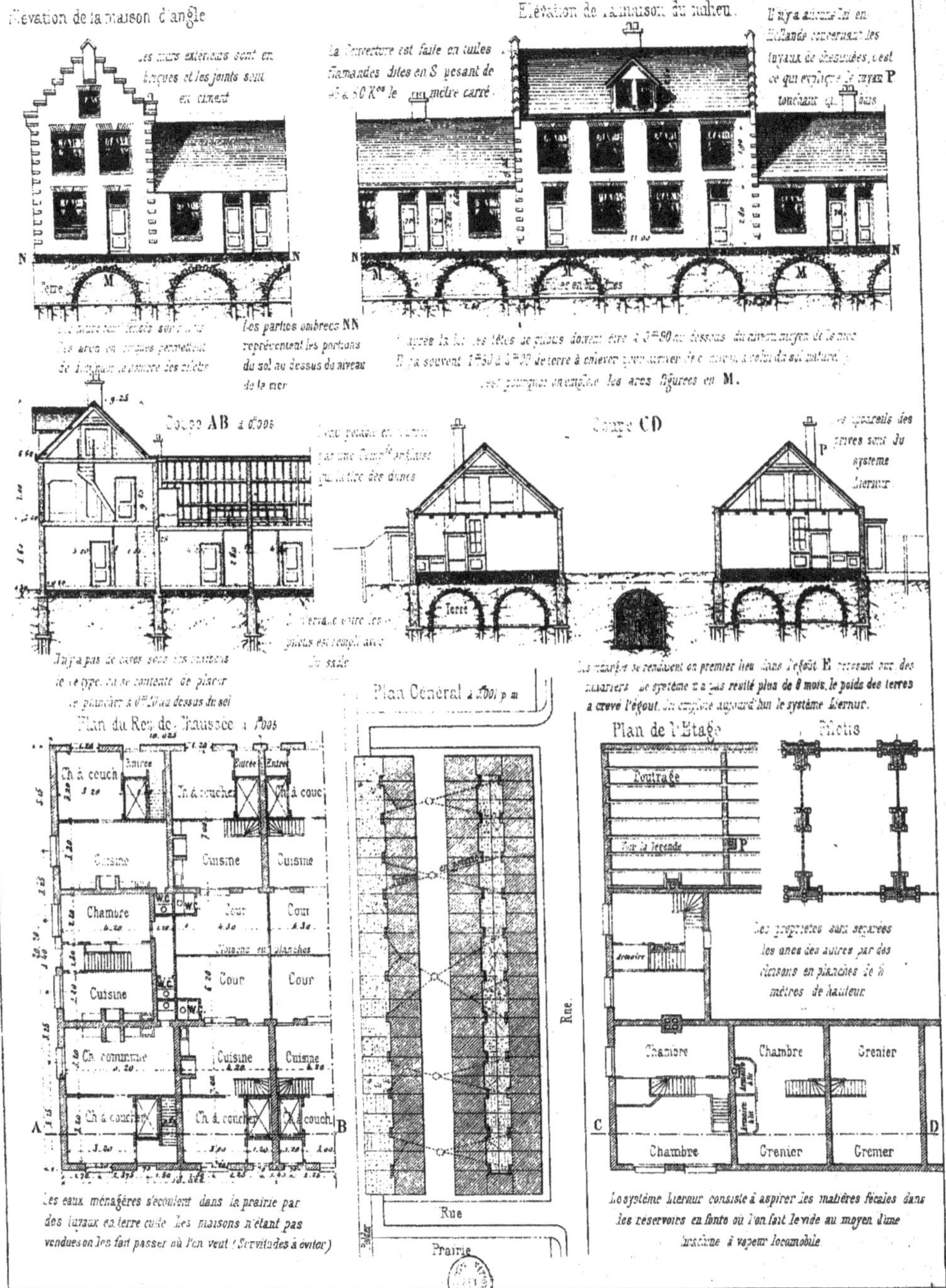
MAISONS DE LA SOCIÉTÉ IMMOBILIÈRE D'AMSTERDAM

Élévation de la maison d'angle
Élévation de la maison du milieu

Coupe AB à 0.005
Coupe CD

Plan Général à 0.001 p m

Plan du Rez de Chaussée à 0.005
Plan de l'Etage

N   N
M   M
Terre
Terre

Ch à coucher   Entrée   Entrée   Entrée
Ch à coucher   Ch à couc
Cuisine   Cuisine   Cuisine
Chambre   Cour   Cour
W.C.
Cuisine   Cour   Cour
W.C.
Ch commune   Cuisine   Cuisine
Ch à coucher   Ch à coucher   Ch à couch
A   B

Rue
Rue
Prairie

Poutrage
Voir la légende   P
Armoire
Chambre   Chambre   Grenier
Chambre   Grenier   Grenier
C   D
P

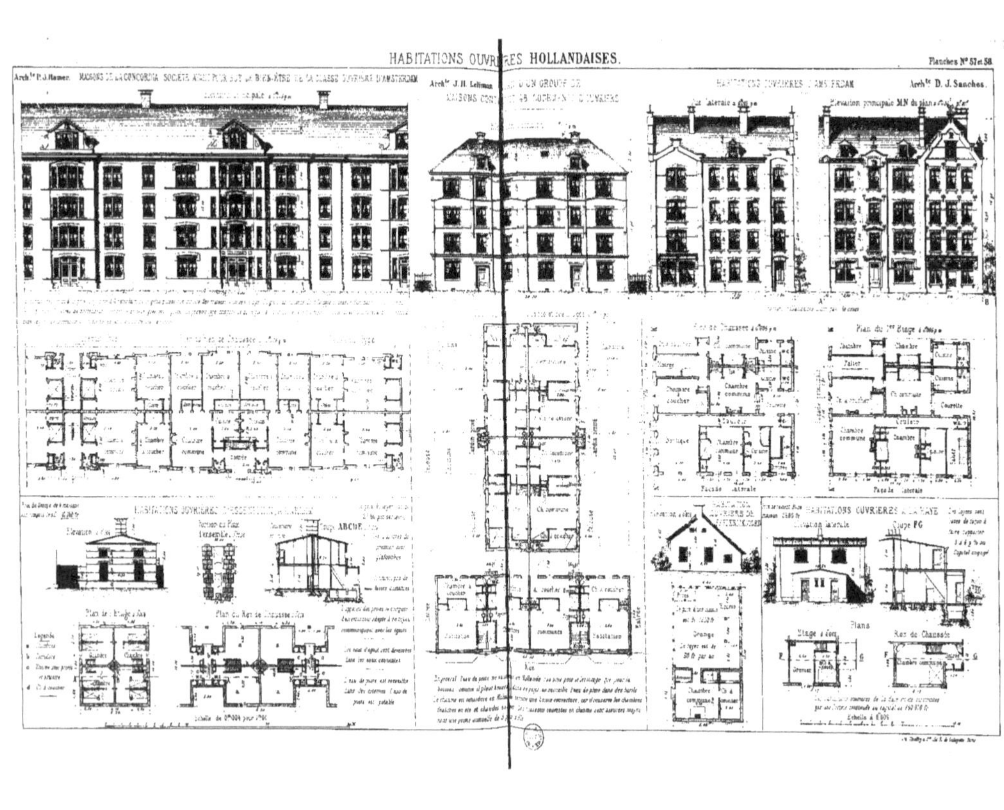

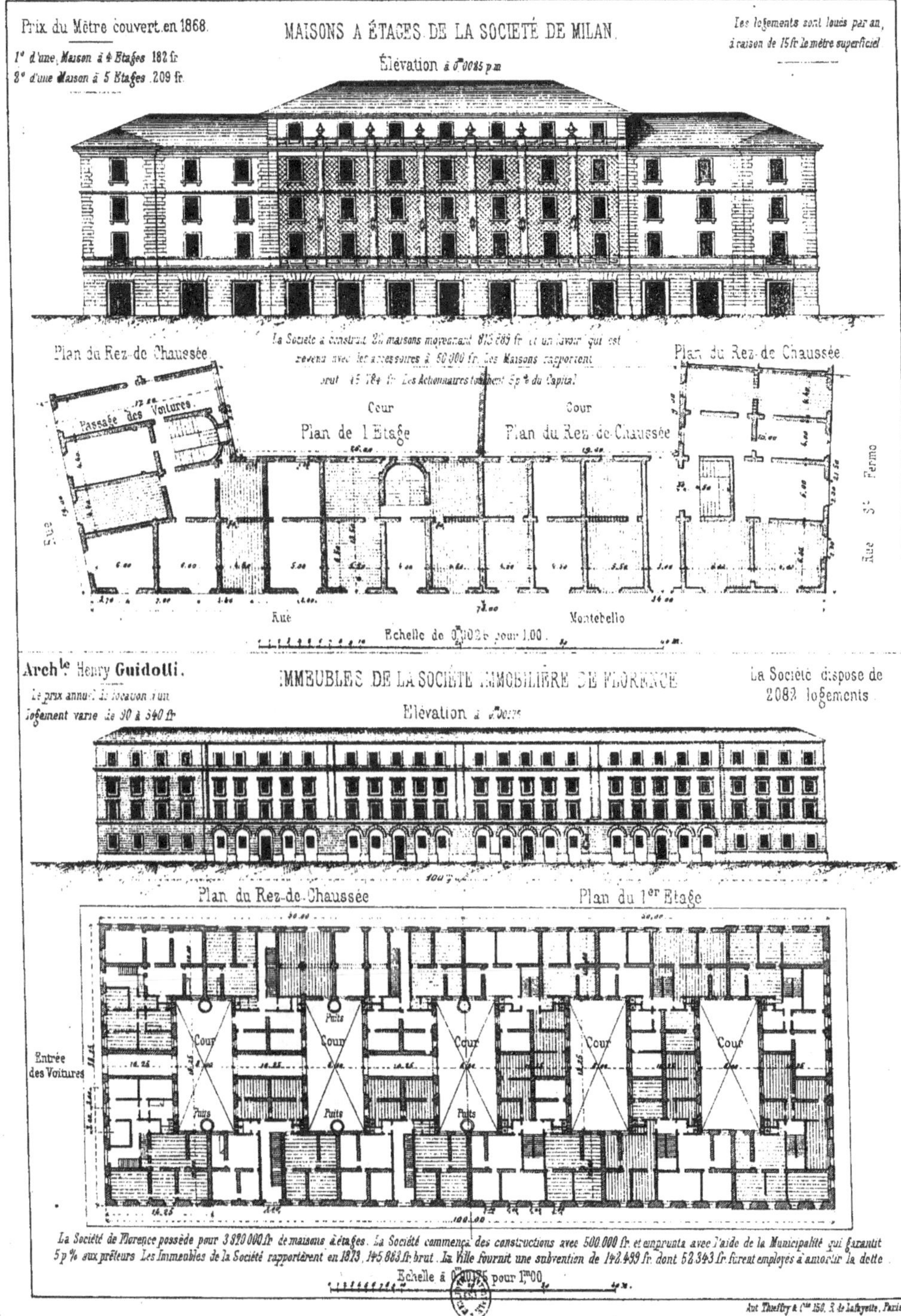
Prix du Mètre couvert en 1868.
1° d'une Maison à 4 Étages 182 fr
2° d'une Maison à 5 Étages 209 fr
MAISONS A ÉTAGES DE LA SOCIÉTÉ DE MILAN.
Élévation à 0.0085 p m
Les logements sont loués par an,
à raison de 15 fr le mètre superficiel
Plan du Rez-de-Chaussée
Passage des Voitures
Plan de 1 Étage
Cour
Cour
Plan du Rez-de-Chaussée
Plan du Rez-de-Chaussée
Rue St Fermo
La Société a construit 24 maisons moyennant 813.569 fr et un lavoir qui est
revenu avec les accessoires à 50.000 fr. Les Maisons rapportent
brut 45.784 fr. Les Actionnaires touchent 5 p % du Capital
Rue
Montebello
Echelle de 0.0025 pour 1.00
Arch.te Henry Guidotti.
Le prix annuel de location d'un
logement varie de 90 à 340 fr
IMMEUBLES DE LA SOCIÉTÉ IMMOBILIÈRE DE FLORENCE
Élévation à 0 0015
La Société dispose de
2082 logements
Plan du Rez-de-Chaussée
Plan du 1er Étage
Entrée
des Voitures
Cour
Cour
Cour
Cour
Cour
Puits
La Société de Florence possède pour 3.820.000 fr de maisons à étages. La Société commença des constructions avec 500.000 fr et emprunta avec l'aide de la Municipalité qui garantit
5 p % aux prêteurs. Les Immeubles de la Société rapportèrent en 1873, 145.863 fr brut. La Ville fournit une subvention de 142.489 fr dont 52.343 fr furent employés à amortir la dette
Echelle à 0.0015 pour 1.00
Aut Thiéfry & Cie 150, 3 de Lafayette, Paris

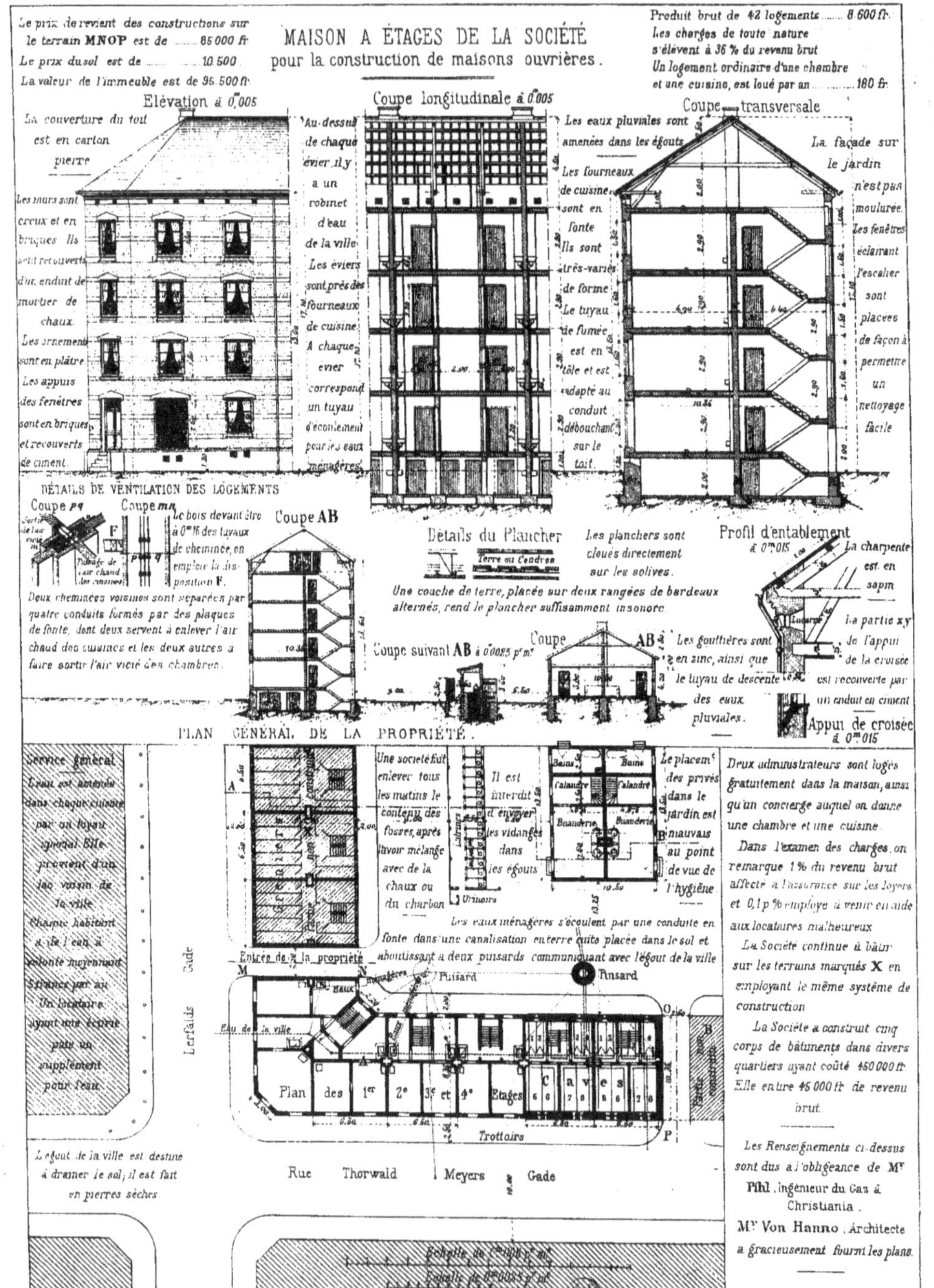

Arch.te Von Hanno.
HABITATIONS OUVRIÈRES DE CHRISTIANIA
Planche N° 60.
Le prix de revient des constructions sur le terrain MNOP est de 85.000 fr
Le prix du sol est de 10.500
La valeur de l'immeuble est de 95.500 fr.
MAISON A ÉTAGES DE LA SOCIÉTÉ
pour la construction de maisons ouvrières.
Produit brut de 42 logements 8.600 fr.
Les charges de toute nature s'élèvent à 36 % du revenu brut
Un logement ordinaire d'une chambre et une cuisine, est loué par an 180 fr.
Elévation à 0.005
Coupe longitudinale à 0.005
Coupe transversale
La couverture du toit est en carton pierre
Les murs sont creux et en briques. Ils sont recouverts d'un enduit de mortier de chaux.
Les ornements sont en plâtre
Les appuis des fenêtres sont en briques et recouverts de ciment.
Au dessus de chaque évier il y a un robinet d'eau de la ville
Les éviers sont près des fourneaux de cuisine
A chaque évier correspond un tuyau d'écoulement pour les eaux ménagères.
Les eaux pluviales sont amenées dans les égouts
Les fourneaux de cuisine sont en fonte. Ils sont très-variés de forme
Le tuyau de fumée est en tôle et est adapté au conduit débouchant sur le toit.
La façade sur le jardin n'est pas moulurée.
Les fenêtres éclairant l'escalier sont placées de façon à permettre un nettoyage facile
DÉTAILS DE VENTILATION DES LOGEMENTS
Coupe pq
Coupe mn
Coupe AB
Détails du Plancher
Terre ou Cendres
Profil d'entablement à 0.015
Le bois devant être à 0.16 des tuyaux de cheminée, on emploie la disposition F.
Deux cheminées voisines sont séparées par quatre conduits formés par des plaques de fonte, dont deux servent à enlever l'air chaud des cuisines et les deux autres à faire sortir l'air vicié des chambres.
Les planchers sont cloués directement sur les solives.
Une couche de terre, placée sur deux rangées de bardeaux alternés, rend le plancher suffisamment insonore.
Coupe suivant AB à 0.0025 p. m.
Coupe AB
La charpente est en sapin
La partie x y de l'appui de la croisée est recouverte par un enduit en ciment
Les gouttières sont en zinc, ainsi que le tuyau de descente des eaux pluviales.
Appui de croisée à 0.015
PLAN GÉNÉRAL DE LA PROPRIÉTÉ
Service général
L'eau est amenée dans chaque cuisine par un tuyau spécial. Elle provient d'un lac voisin de la ville. Chaque habitant a de l'eau à volonté moyennant 5 francs par an. Un locataire ayant une épreuve paie un supplément pour l'eau.
L'égout de la ville est destiné à drainer le sol; il est fait en pierres sèches.
Une société fait enlever tous les matins le contenu des fosses, après l'avoir mélangé avec de la chaux ou du charbon.
Il est interdit d'envoyer les vidanges dans les égouts
Les eaux ménagères s'écoulent par une conduite en fonte dans une canalisation enterrée placée dans le sol et aboutissant à deux puisards communiquant avec l'égout de la ville
Bains
Calandre
Buanderie
Urinoirs
Le placement des privés dans le jardin est mauvais au point de vue de l'hygiène
Deux administrateurs sont logés gratuitement dans la maison, ainsi qu'un concierge auquel on donne une chambre et une cuisine.
Dans l'examen des charges, on remarque 1 % du revenu brut affecté à l'assurance sur les loyers et 0,1 p % employé à venir en aide aux locataires malheureux
La Société continue à bâtir sur les terrains marqués X en employant le même système de construction
La Société a construit cinq corps de bâtiments dans divers quartiers ayant coûté 450.000 fr. Elle en tire 45.000 fr. de revenu brut.
Les Renseignements ci-dessus sont dus à l'obligeance de M.r Pihl, ingénieur du Gaz à Christiania.
M.r Von Hanno, Architecte a gracieusement fourni les plans.
Gade
Lerfalds Gade
Entrée de la propriété
Eau de la ville
Puisard
Plan des 1.er 2.e 3.e et 4.e Étages
Caves
Trottoirs
Rue Thorwald Meyers Gade
Échelle de 0.005 p.m.
Échelle de 0.0025 p.m.
Aut. Thierry et C.e, Rue de Lafayette, 110, Paris.

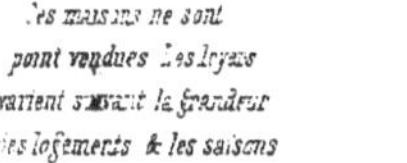

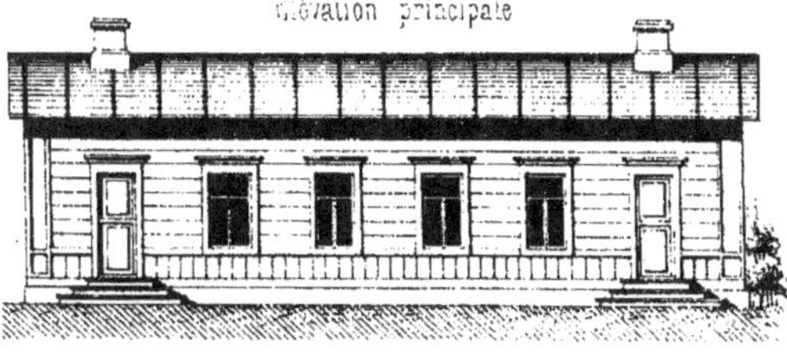
MANUFACTURE DE KRAHNHOLM
GROUPE DE QUATRE MAISONS
pour 4 familles.
Les maisons ne sont
point vendues. Les loyers
varient suivant la grandeur
des logements & les saisons
Élévation principale

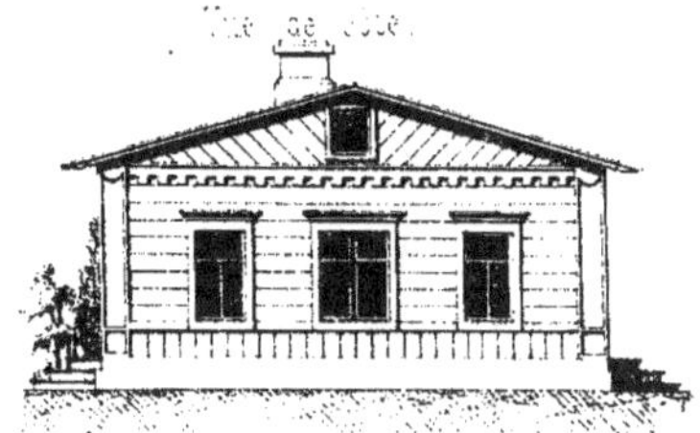
Les locataires paient pour un
logement complet de 8 à 10 francs
par mois en été & de 12 à 15 francs
par mois en hiver
Vue de côté.

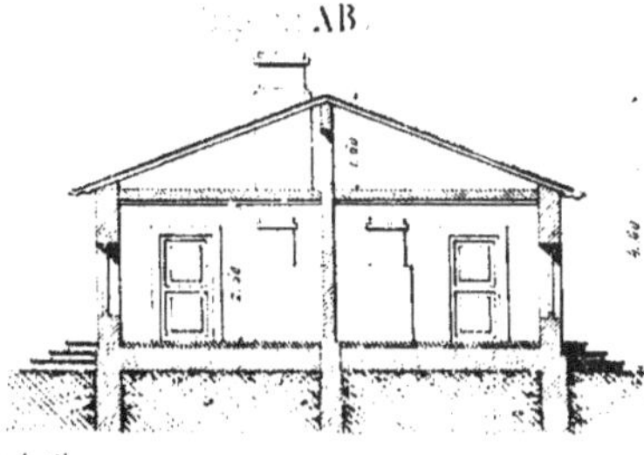
Plan du Rez de Chaussée
B
Entrée
Chambre commune
Chambre commune
Chambre commune
A
Les murs extérieurs sont faits
avec de gros troncs d'arbres équarris
aux extrémités. On bouche les interstices
avec de l'étoupe de l'hunicasse etc
Coupe AB

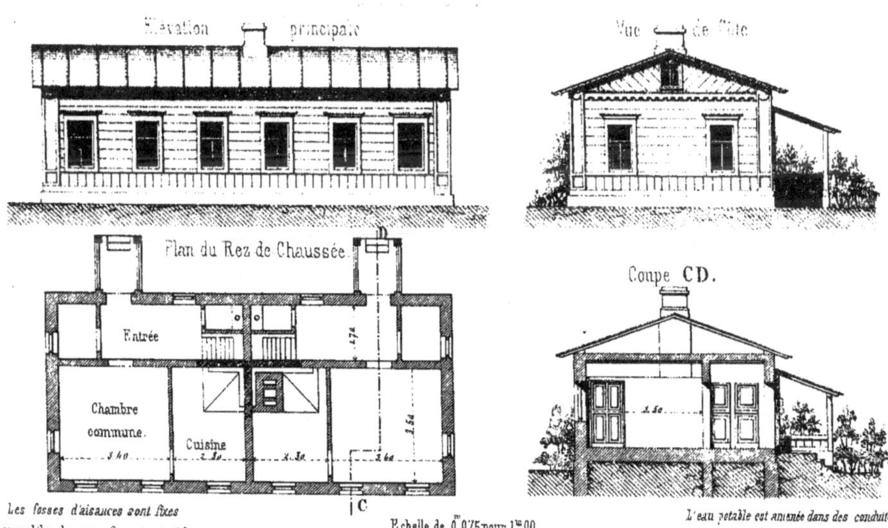
Le groupement par quatre maisons
a été reconnu le meilleur.
La Couverture est faite avec des plaques de tôle
de l'Oural. Les tôles d'autre provenance sont trop cassantes.
On ne peut disposer les pièces d'un
logement sur des paliers différents
par suite du froid.
GROUPE DE DEUX MAISONS ACCOLÉES.
Élévation principale
Vue de côté
Plan du Rez de Chaussée
D
Entrée
Chambre commune.
Cuisine
C
Coupe CD.
Les fosses d'aisances sont fixes
ou mobiles, les appareils sont primitifs.
Échelle de 0,075 pour 1.00
L'eau potable est amenée dans des conduites
placées à 2m.50 sous terre pour éviter les effets du froid

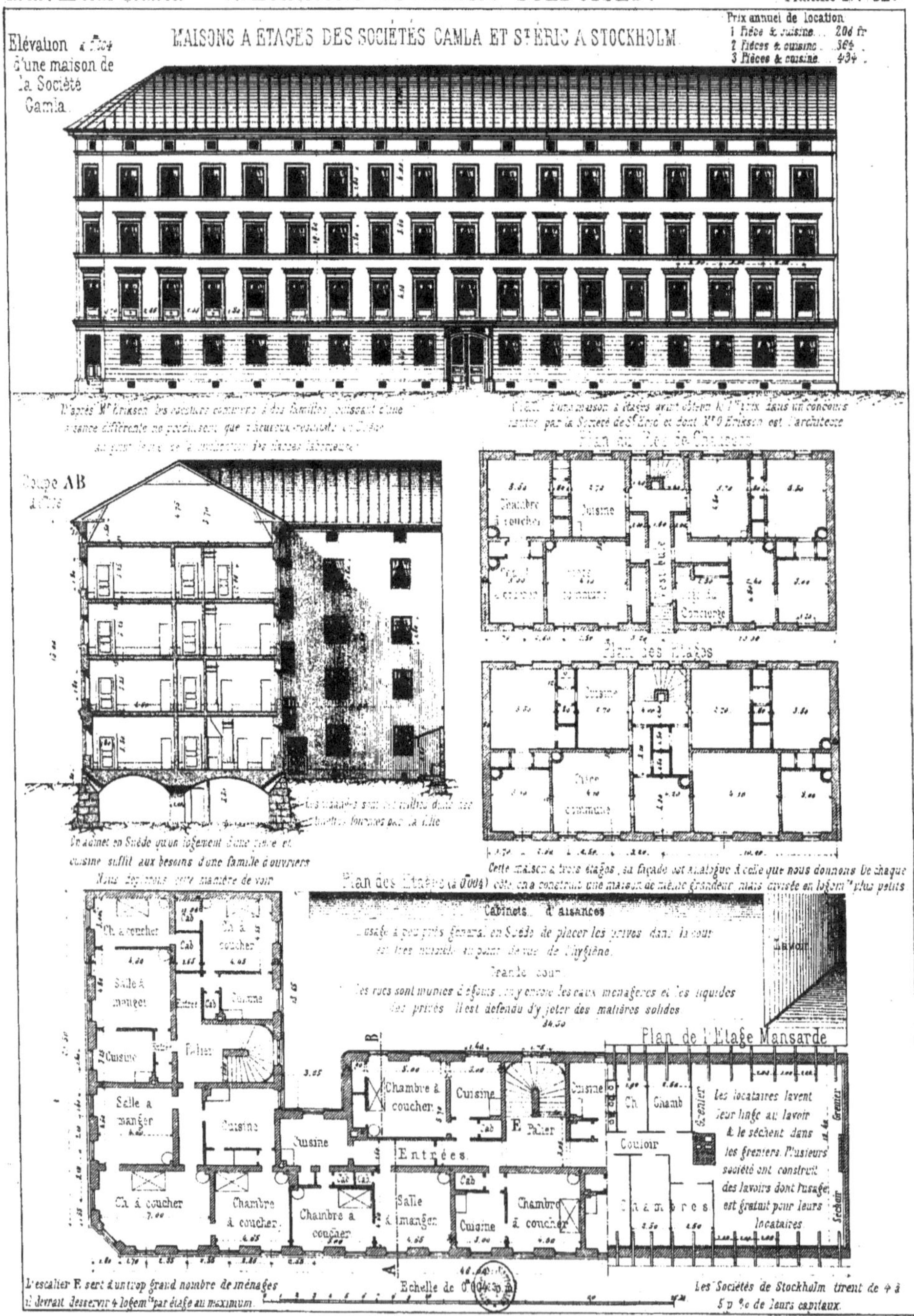
MAISONS A ÉTAGES DES SOCIÉTÉS GAMLA ET Sᵗ ÉRIC A STOCKHOLM.
Prix annuel de location
1 Pièce & cuisine . . . 206 fr
2 Pièces & cuisine . . . 362
3 Pièces & cuisine . . . 434
Elévation d'une maison de la Société Gamla.
Coupe AB
Plan du Rez de Chaussée
Plan des Etages
Plan des Etages
Cabinets d'aisances
Grande cour
Lavoir
Plan de l'Etage Mansarde
Chambre à coucher
Cuisine
Salle à manger
Salle à manger
Palier
Entrées
E. Palier
Grenier
Couloir
Chambres
Echelle de 0,004

On admet en Suède qu'un logement d'une pièce et cuisine suffit aux besoins d'une famille d'ouvriers.
L'escalier F. sert d'un trop grand nombre de ménages il devrait desservir 4 logemᵗˢ par étage au maximum.
Les Sociétés de Stockholm tirent de 4 à 5 p ⁰/₀ de leurs capitaux.

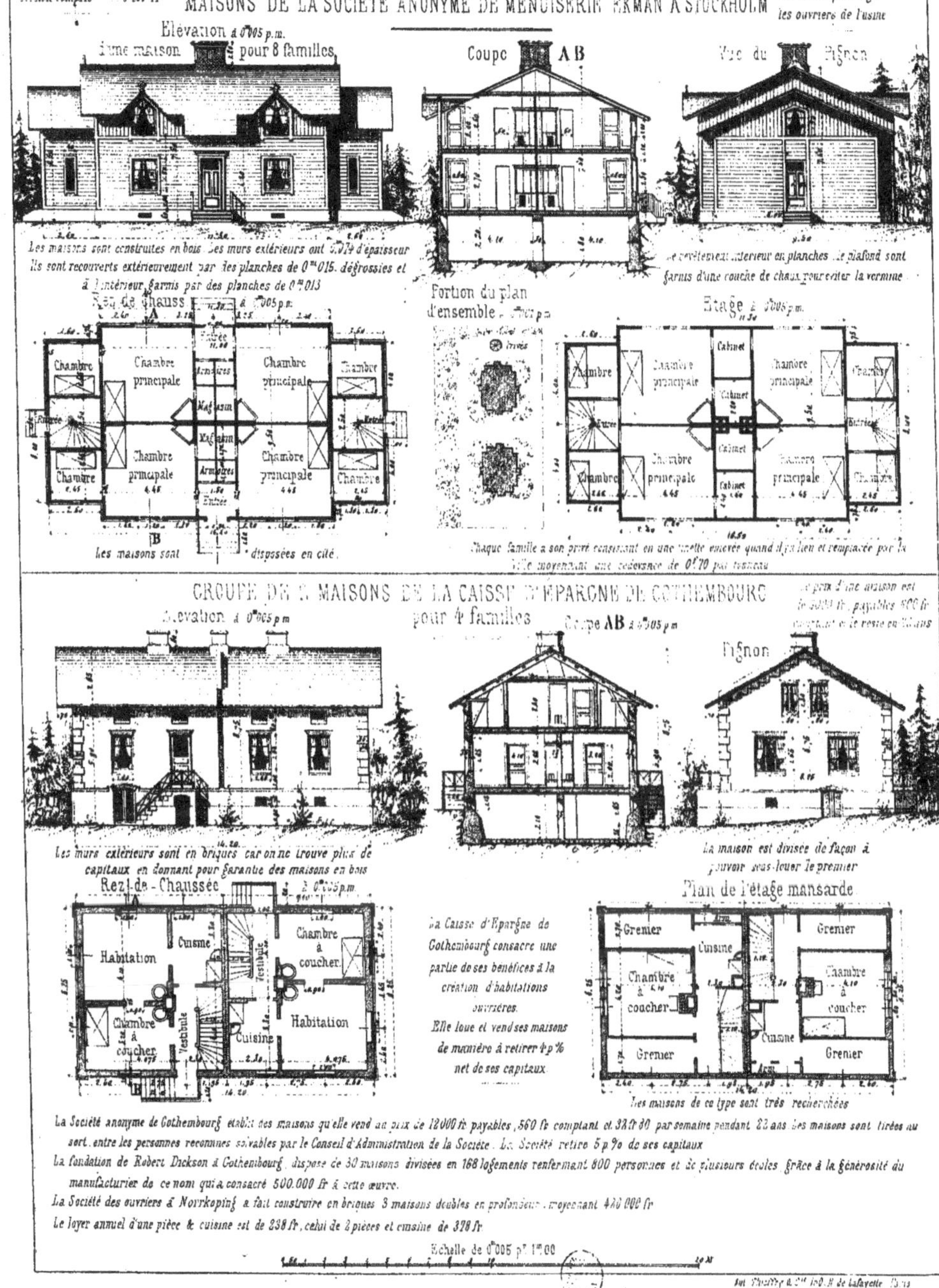

La Société anonyme de Gothembourg établit des maisons qu'elle vend au prix de 12000 fr payables 560 fr comptant et 32 fr 80 par semaine pendant 23 ans. Les maisons sont tirées au sort entre les personnes reconnues solvables par le Conseil d'Administration de la Société. La Société retire 5 p % de ses capitaux

La fondation de Robert Dickson à Gothembourg dispose de 30 maisons divisées en 168 logements renfermant 800 personnes et de plusieurs écoles grâce à la générosité du manufacturier de ce nom qui a consacré 500.000 fr à cette œuvre.

La Société des ouvriers à Norrköping a fait construire en briques 3 maisons doubles en profondeur moyennant 440.000 fr

Le loyer annuel d'une pièce & cuisine est de 238 fr, celui de 2 pièces et cuisine de 378 fr.

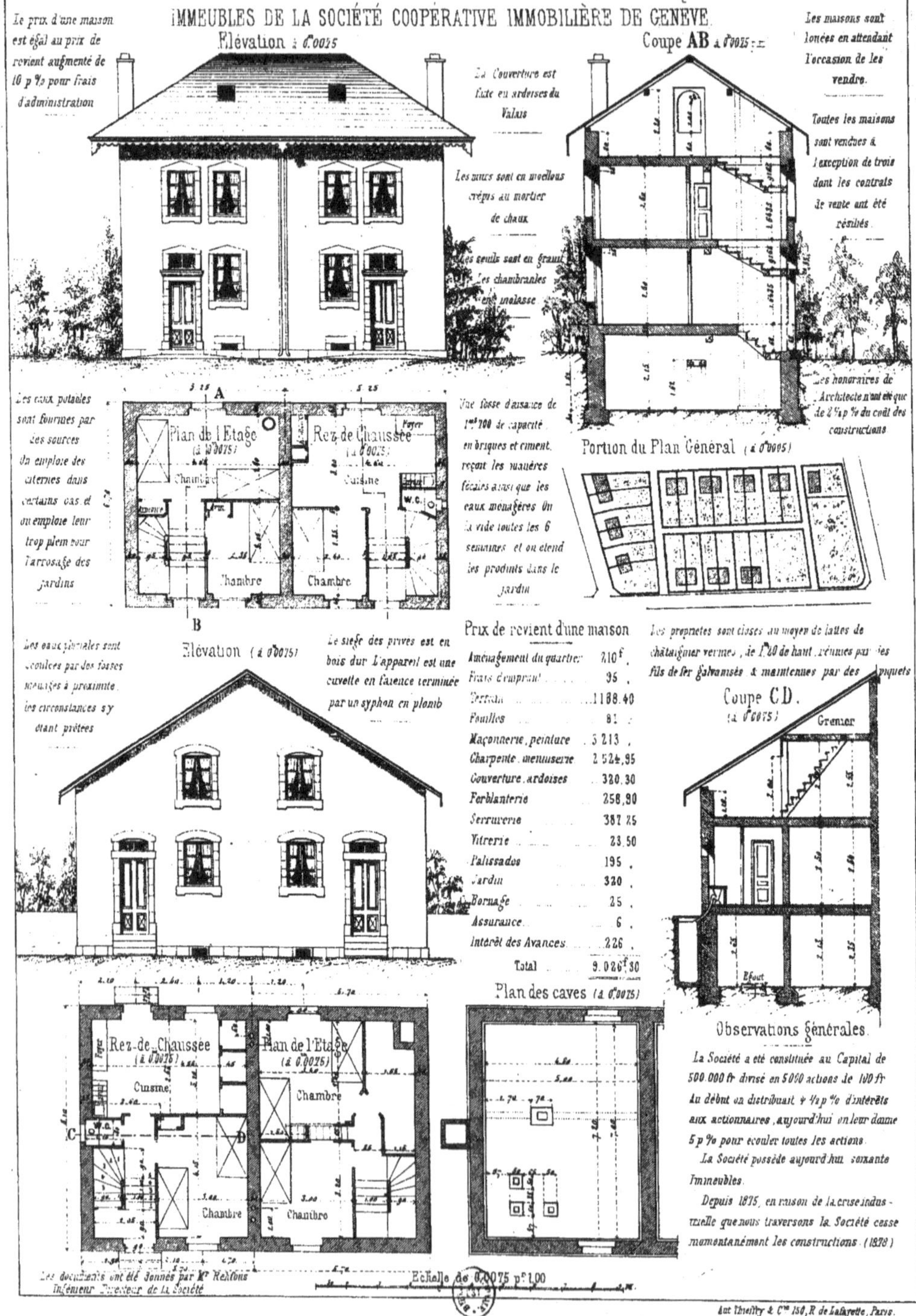

Arch.te G. Matthey.
HABITATIONS OUVRIÈRES SUISSES.
Planche No. 64.
IMMEUBLES DE LA SOCIÉTÉ COOPÉRATIVE IMMOBILIÈRE DE GENÈVE.
Élévation à 0.0025
Coupe AB à 0.0025
Le prix d'une maison est égal au prix de revient augmenté de 10 p % pour frais d'administration
La couverture est faite en ardoises du Valais
Les murs sont en moellons crépis au mortier de chaux
Les seuils sont en granit. Les chambranles sont molasse
Les maisons sont louées en attendant l'occasion de les vendre.
Toutes les maisons sont vendues à l'exception de trois dont les contrats de vente ont été résiliés
Les eaux potables sont fournies par des sources. On emploie des citernes dans certains cas et on emploie leur trop plein pour l'arrosage des jardins
Plan de l'Étage (à 0.0075)
Rez-de-Chaussée (à 0.0075)
Chambre
Cuisine
Foyer
W.C.
Chambre
Chambre
A
B
Une fosse d'aisance de 1m700 de capacité en briques et ciment, reçoit les matières fécales ainsi que les eaux ménagères. On la vide toutes les 6 semaines et on étend les produits dans le jardin
Les honoraires de l'Architecte n'ont été que de 2 1/2 p % du coût des constructions
Portion du Plan Général (à 0.0005)
Les eaux pluviales sont écoulées par des fosses ménagées à proximité, les circonstances s'y étant prêtées
Élévation (à 0.0075)
Le siège des privés est en bois dur. L'appareil est une cuvette en faïence terminée par un syphon en plomb
Les propriétés sont closes au moyen de lattes de châtaignier vernies, de 1m20 de haut, réunies par des fils de fer galvanisés & maintenues par des piquets
Coupe CD. (à 0.0075)
Grenier
Égout
Prix de revient d'une maison
Aménagement du quartier : 210 f.
Frais d'emprunt . . . . 95 .
Terrain 1188.40
Fouilles . . . . 81 .
Maçonnerie, peinture . 3 213 .
Charpente, menuiserie 2 524,95
Couverture, ardoises . 320.30
Ferblanterie 258,90
Serrurerie 387 25
Vitrerie 23.50
Palissades . . . . . . 195 .
Jardin . . . . 320 .
Bornage . . . . 25 .
Assurance . . . . . . 6 .
Intérêt des Avances . 226 .
Total . . . . 9.026 f 30
Plan des caves (à 0.0075)
Rez-de-Chaussée (à 0.0075)
Plan de l'Étage (à 0.0075)
Cuisine
Foyer
Chambre
Chambre
Chambre
C
D
Observations générales.
La Société a été constituée au Capital de 500.000 fr divisé en 5.000 actions de 100 fr. Au début on distribuait 4 1/2 p % d'intérêts aux actionnaires, aujourd'hui on leur donne 5 p % pour écouler toutes les actions. La Société possède aujourd'hui soixante immeubles.
Depuis 1875, en raison de la crise industrielle que nous traversons la Société cesse momentanément les constructions. (1878)
Les documents ont été donnés par M. Rehfous Ingénieur Directeur de la Société
Échelle de 0.0075 p 1.00
Aut. Thiellry & C.ie 150, R. de Lafayette, Paris.

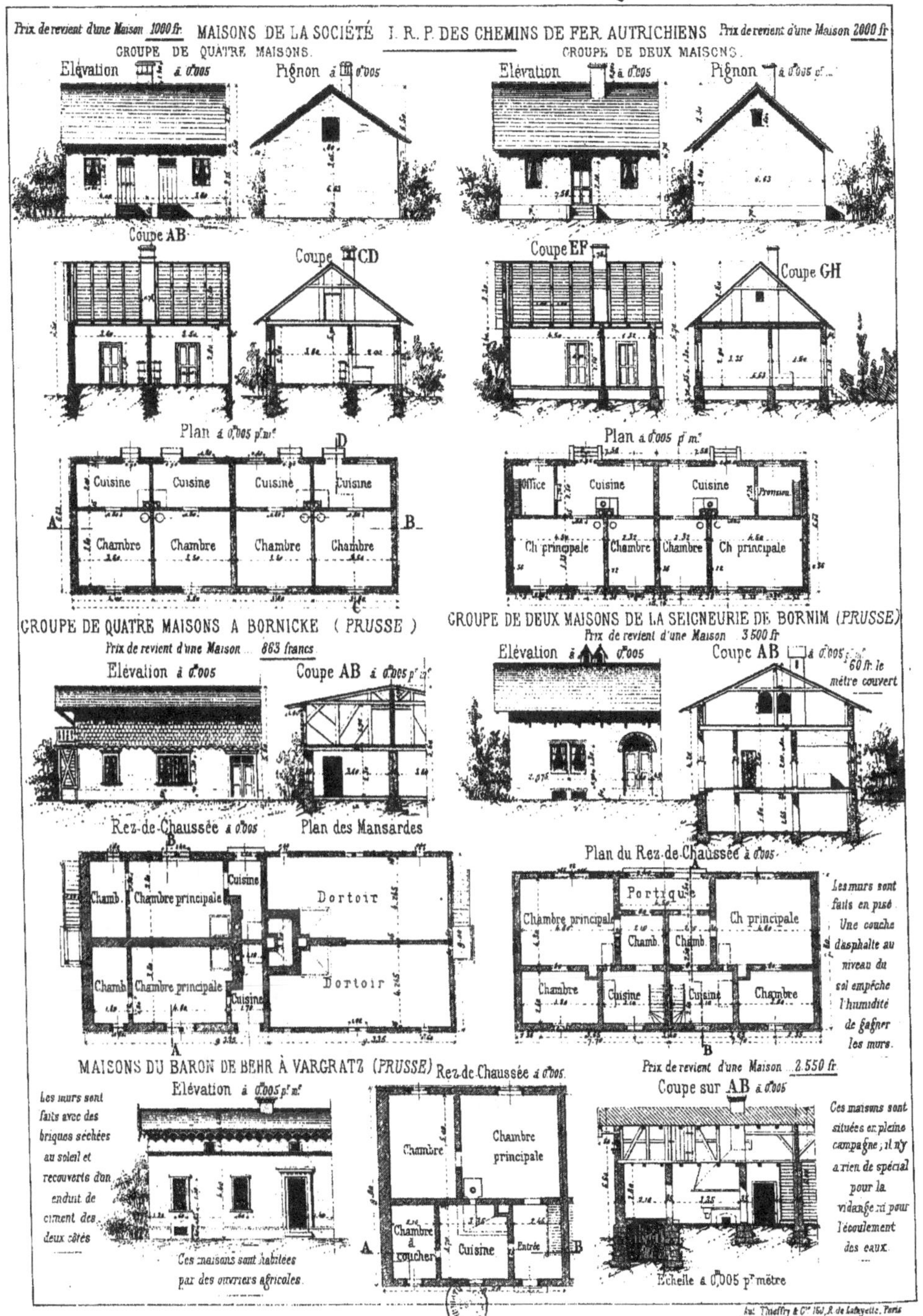

Prix de revient d'une Maison 1000 fr.
MAISONS DE LA SOCIÉTÉ I. R. P. DES CHEMINS DE FER AUTRICHIENS
Prix de revient d'une Maison 2000 fr.
GROUPE DE QUATRE MAISONS.
GROUPE DE DEUX MAISONS.
Elévation à 0,005
Pignon à 0,005
Elévation
Pignon à 0,005 c.
Coupe AB
Coupe CD
Coupe EF
Coupe GH
Plan à 0,005 p. m.
Plan à 0,005 p. m.
Cuisine
Cuisine
Cuisine
Cuisine
Office
Cuisine
Cuisine
Chambre
Chambre
Chambre
Chambre
Ch principale
Chambre
Chambre
Ch principale
GROUPE DE QUATRE MAISONS A BORNICKE (PRUSSE)
GROUPE DE DEUX MAISONS DE LA SEIGNEURIE DE BORNIM (PRUSSE)
Prix de revient d'une Maison 863 francs
Prix de revient d'une Maison 3500 fr
Elévation à 0,005
Coupe AB à 0,005 p. m.
Elévation à 0,005
Coupe AB à 0,005 p. m.
60 fr le mètre couvert
Rez-de-Chaussée à 0,005
Plan des Mansardes
Plan du Rez-de-Chaussée à 0,005
Chamb.
Chambre principale
Cuisine
Dortoir
Portique
Chambre principale
Ch principale
Chamb.
Chamb.
Chamb
Chambre principale
Cuisine
Dortoir
Chambre
Cuisine
Cuisine
Chambre
Les murs sont faits en pisé. Une couche d'asphalte au niveau du sol empêche l'humidité de gagner les murs
MAISONS DU BARON DE BEHR À VARGRATZ (PRUSSE) Rez-de-Chaussée à 0,005.
Prix de revient d'une Maison 2.550 fr
Elévation à 0,005 p. m.
Coupe sur AB à 0,005
Les murs sont faits avec des briques séchées au soleil et recouverts d'un enduit de ciment des deux côtés
Chambre
Chambre principale
Ces maisons sont situées en pleine campagne; il n'y a rien de spécial pour la vidange ni pour l'écoulement des eaux.
Chambre à coucher
Cuisine
Entrée
Ces maisons sont habitées par des ouvriers agricoles.
Echelle à 0,005 p. mètre

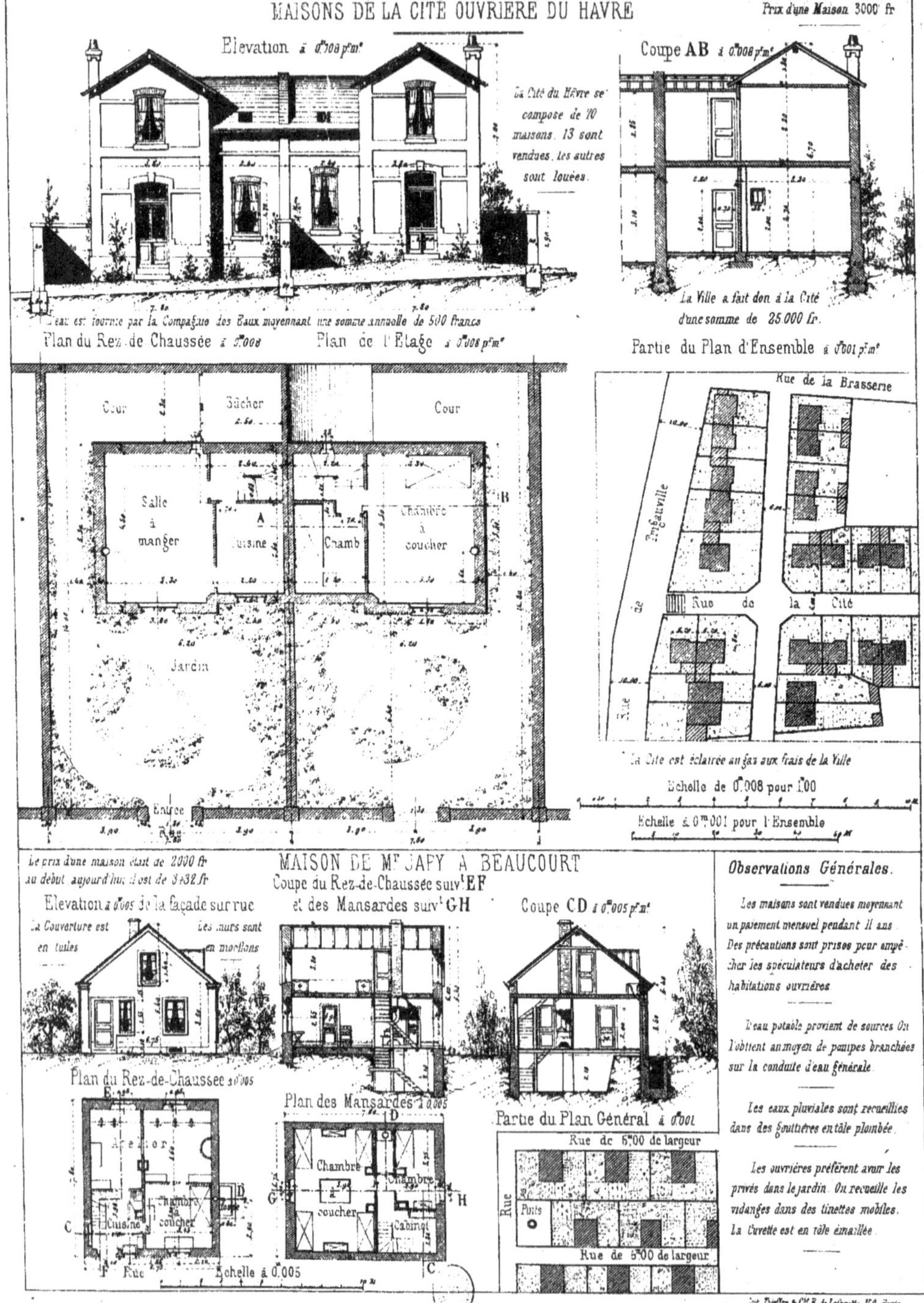
MAISONS DE LA CITÉ OUVRIÈRE DU HÂVRE
Prix d'une Maison 3000 fr
Elevation à 0.008 p.r m.e
Coupe AB à 0.008 p.r m.e
La Cité du Hâvre se compose de 70 maisons. 13 sont vendues. les autres sont louées.
L'eau est fournie par la Compagnie des Eaux moyennant une somme annuelle de 500 francs
La Ville a fait don à la Cité d'une somme de 25.000 fr.
Plan du Rez de Chaussée à 0.008 Plan de l'Etage à 0.008 p.r m.e
Partie du Plan d'Ensemble à 0.001 p.r m.e
Cour   Bûcher   Cour
Salle à manger   Cuisine   Chamb   Chambre à coucher
Jardin
Entrée
Rue de la Brasserie
R.e Sanville
Rue de la Cité
Rue
Puits
La Cité est éclairée au gaz aux frais de la Ville
Echelle de 0.008 pour 1.00
Echelle à 0.m 001 pour l'Ensemble
Le prix d'une maison était de 2000 fr au début aujourd'hui il est de 3432 fr
MAISON DE M.r JAPY A BEAUCOURT
Coupe du Rez-de-Chaussée suiv.t EF et des Mansardes suiv.t GH
Coupe CD à 0.005 p.r m.e
Elevation à 0.005 de la façade sur rue
La Couverture est en tuiles   Les murs sont en moellons
Plan du Rez-de-Chaussée à 0.005
Atelier   Chambre à coucher   Cuisine
Plan des Mansardes à 0.005
Chambre   Chambre à coucher   Cabinet
Partie du Plan Général à 0.001
Rue de 6.m00 de largeur
Rue   Puits
Rue de 5.m00 de largeur
Echelle à 0.005
Observations Générales.
Les maisons sont vendues moyennant un paiement mensuel pendant 11 ans. Des précautions sont prises pour empêcher les spéculateurs d'acheter des habitations ouvrières.
L'eau potable provient de sources. On l'obtient au moyen de pompes branchées sur la conduite d'eau générale.
Les eaux pluviales sont recueillies dans des gouttières en tôle plombée.
Les ouvrières préfèrent avoir les privés dans le jardin. On recueille les vidanges dans des tinettes mobiles. La Cuvette est en tôle émaillée.
Imp. Thierry & C.ie R. de Lafayette, 150, Paris

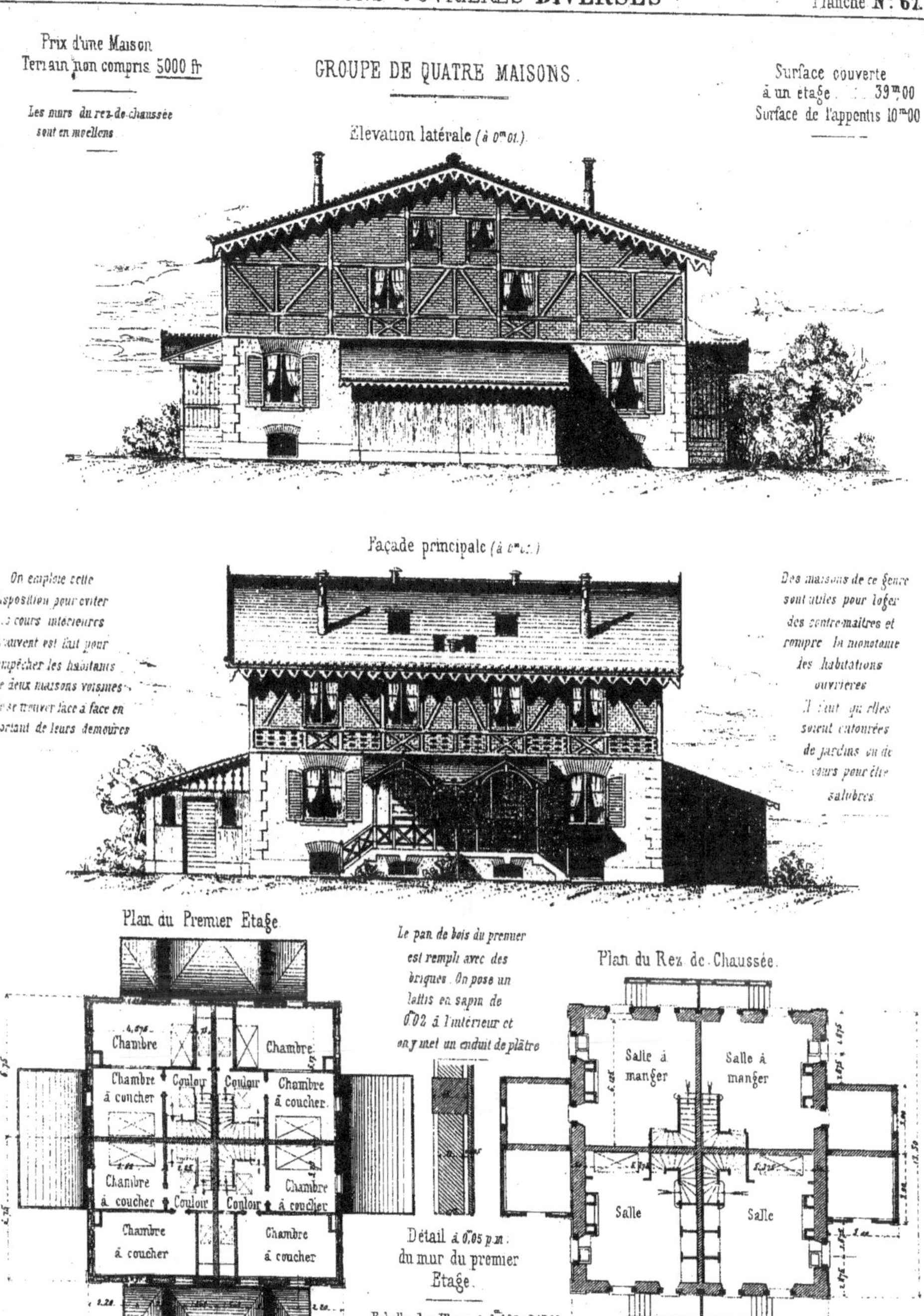
Prix d'une Maison
Terrain non compris 5000 fr
Les murs du rez-de-chaussée
sont en moellons
GROUPE DE QUATRE MAISONS.
Surface couverte
à un étage . . . 39m00
Surface de l'appentis 10m00
Élévation latérale (à 0m01).
Façade principale (à 0m01.)
On emploie cette
disposition pour éviter
les cours intérieures
L'auvent est fait pour
empêcher les habitants
de deux maisons voisines
de se trouver face à face en
sortant de leurs demeures
Des maisons de ce genre
sont utiles pour loger
des contre-maîtres et
rompre la monotonie
des habitations
ouvrières
Il faut qu'elles
soient entourées
de jardins ou de
cours pour être
salubres
Plan du Premier Étage.
Le pan de bois du premier
est rempli avec des
briques. On pose un
lattis en sapin de
0m02 à l'intérieur et
on y met un enduit de plâtre
Plan du Rez de Chaussée.
Chambre
Chambre
Chambre
à coucher
Couloir
Couloir
Chambre
à coucher
Chambre
à coucher
Couloir
Couloir
Chambre
à coucher
Chambre
à coucher
Chambre
à coucher
Salle à
manger
Salle à
manger
Salle
Salle
Détail à 0,05 p.m.
du mur du premier
Étage.
Echelle des Plans à 0,005 p.r 1m00
Il faut que les conduites de fumée soient
à une distance de 0m16 des pièces de bois
Aut Thierry & Cie 150 R de Lafayette, Paris

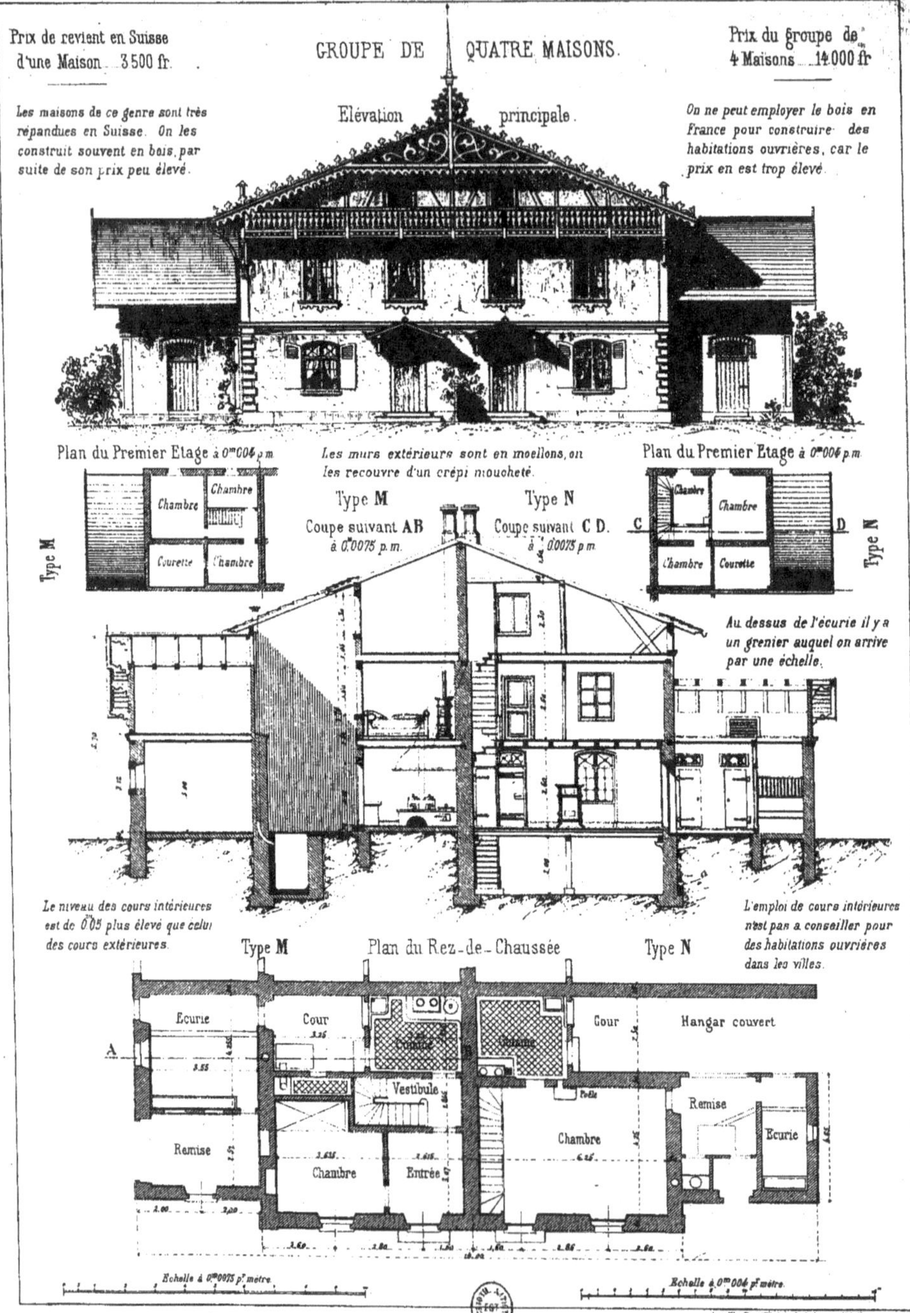

Arch.te Emile Muller.
HABITATIONS OUVRIÈRES DIVERSES.
Planche N° 68.
Prix de revient en Suisse d'une Maison. 3.500 fr.
GROUPE DE QUATRE MAISONS.
Prix du groupe de 4 Maisons. 14.000 fr
Les maisons de ce genre sont très répandues en Suisse. On les construit souvent en bois, par suite de son prix peu élevé.
Elévation principale.
On ne peut employer le bois en France pour construire des habitations ouvrières, car le prix en est trop élevé.
Plan du Premier Etage à 0m004 p.m
Les murs extérieurs sont en moellons, on les recouvre d'un crépi moucheté.
Plan du Premier Etage à 0m004 p.m
Type M
Chambre
Chambre
Courette
Chambre
Type M
Coupe suivant AB à 0m0075 p.m.
Type N
Coupe suivant C D. à 0m0075 p.m.
C
D
Chambre
Chambre
Chambre
Courette
Type N
Au dessus de l'écurie il y a un grenier auquel on arrive par une échelle.
Le niveau des cours intérieures est de 0m05 plus élevé que celui des cours extérieures.
L'emploi de cours intérieures n'est pas à conseiller pour des habitations ouvrières dans les villes.
Type M
Plan du Rez-de-Chaussée
Type N
Ecurie
Cour
Cour
Hangar couvert
A
Vestibule
Remise
Remise
Chambre
Ecurie
Chambre
Entrée
Echelle à 0m0075 p.t mètre.
Echelle à 0m004 p.t mètre.
Imp. Thierry & Cie Rue de Lafayette, 156. Paris.

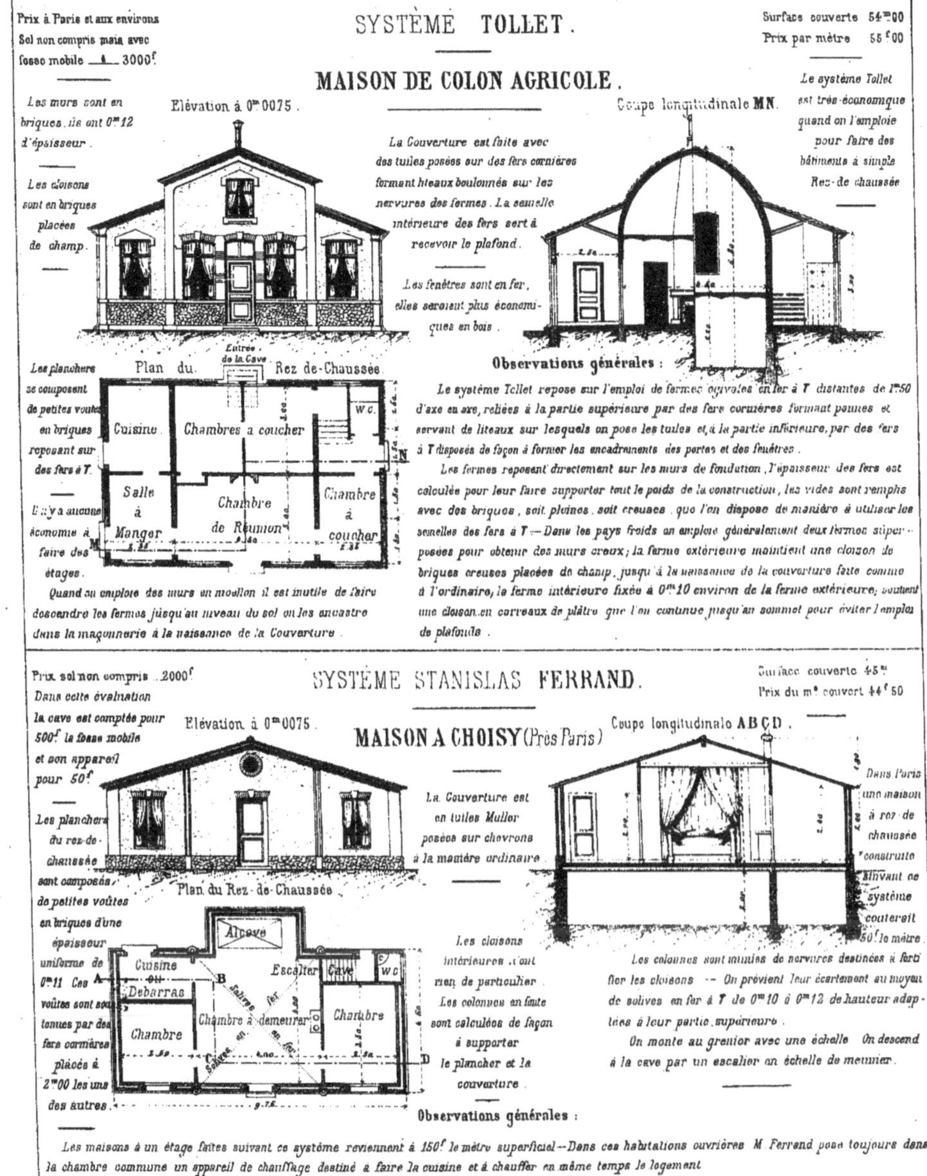

Les maisons à un étage faites suivant ce système reviennent à 150f le mètre superficiel — Dans ces habitations ouvrières M. Ferrand pose toujours dans
la chambre commune un appareil de chauffage destiné à faire la cuisine et à chauffer en même temps le logement.
Dans des constructions à rez-de-chaussée M. Ferrand évite comme M. Tollet l'emploi de greniers. Il fait l'ossature du bâtiment avec des poutres en treillis, supportant toutes les pressions. Les poutres soutiennent deux cloisons, l'une extérieure en briques jusqu'à la hauteur de la couverture faite en tuiles Muller, re-
posant sur liteaux en fer, l'autre en carreaux de plâtre se continuant jusqu'au faîtage. Nous reprochons à ces deux systèmes de ne pas assez élever le —

L'aspect des maisons construites d'après
le système Ferrand peut être rendu très
satisfaisant.

— Rez-de-Chaussée.
Echelle de 0m 0075 pr mètre.

M.M. Ferrand et Tollet ont obtenu chacun
une médaille d'Or à l'Exposition de 1878.

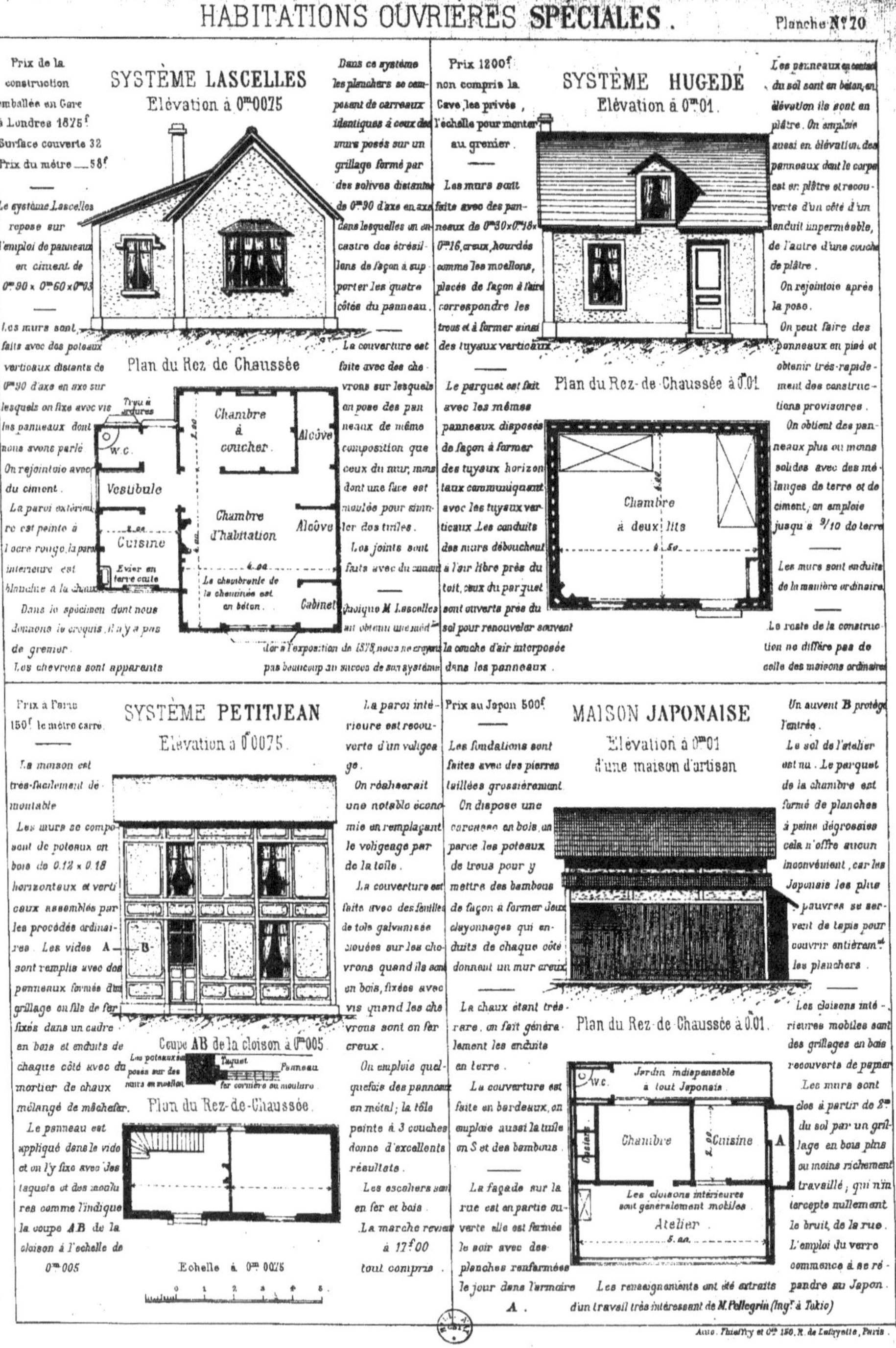

SYSTÈME LASCELLES
Élévation à 0m.0075

Prix de la construction emballée en Gare à Londres 1875f. Surface couverte 32. Prix du mètre — 58f.

Le système Lascelles repose sur l'emploi de panneaux en ciment de 0m.90 × 0m.60 × 0m.03.

Les murs sont faits avec des poteaux verticaux distants de 0m.90 d'axe en axe sur lesquels on fixe avec vis les panneaux dont nous avons parlé. On rejointoie avec du ciment. La paroi extérieure est peinte à l'ocre rouge, la paroi intérieure est blanchie à la chaux.

Dans le spécimen dont nous donnons le croquis, il n'y a pas de grenier. Les chevrons sont apparents.

Plan du Rez de Chaussée

Dans ce système les planchers se composent de carreaux identiques à ceux des murs posés sur un grillage formé par des solives distantes de 0m.90 d'axe en axe dans lesquelles un encastre des étrésillons de façon à supporter les quatre côtés du panneau.

La couverture est faite avec des chevrons sur lesquels on pose des panneaux de même composition que ceux du mur, mais dont une face est moulée pour simuler des tuiles.

Les joints sont faits avec du ciment.

Quoique M. Lascelles ait obtenu une médaille à l'exposition de 1878, nous ne croyons pas beaucoup au succès de son système.

SYSTÈME HUGEDÉ
Élévation à 0m.01

Prix 1200f non compris la cave, les privés, l'échelle pour monter au grenier.

Les murs sont faits avec des panneaux de 0m.30 × 0m.18 × 0m.16, creux, hourdés comme les moellons, placés de façon à faire correspondre les trous et à former ainsi des tuyaux verticaux.

Le parquet est fait avec les mêmes panneaux disposés de façon à former des tuyaux horizontaux communiquant avec les tuyaux verticaux. Les conduits des murs débouchent à l'air libre près du toit, ceux du parquet sont ouverts près du sol pour renouveler souvent la couche d'air interposée dans les panneaux.

Plan du Rez-de-Chaussée à 0.01

Les panneaux en contact du sol sont en béton, en élévation ils sont en plâtre. On emploie aussi en élévation des panneaux dont le corps est en plâtre et recouverts d'un côté d'un enduit imperméable, de l'autre d'une couche de plâtre.

On rejointoie après la pose.

On peut faire des panneaux en pisé et obtenir très-rapidement des constructions provisoires.

On obtient des panneaux plus ou moins solides avec des mélanges de terre et de ciment, on emploie jusqu'à 9/10 de terre.

Les murs sont enduits de la manière ordinaire.

Le reste de la construction ne diffère pas de celle des maisons ordinaires.

SYSTÈME PETITJEAN
Élévation à 0m.0075

Prix à Paris 150f le mètre carré.

La maison est très-facilement démontable.

Les murs se composent de poteaux en bois de 0.12 × 0.18 horizontaux et verticaux assemblés par les procédés ordinaires. Les vides A-B sont remplis avec des panneaux formés d'un grillage en fils de fer fixés dans un cadre en bois et enduits de chaque côté avec du mortier de chaux mélangé de mâchefer.

Le panneau est appliqué dans le vide et on l'y fixe avec des taquets et des moulures comme l'indique la coupe AB de la cloison à l'échelle de 0m.005.

Coupe AB de la cloison à 0m.005

Plan du Rez-de-Chaussée.

Echelle à 0m.0075

La paroi intérieure est recouverte d'un voligeage.

On réaliserait une notable économie en remplaçant le voligeage par de la toile.

La couverture est faite avec des feuilles de tôle galvanisée clouées sur les chevrons quand ils sont en bois, fixées avec vis quand les chevrons sont en fer creux.

On emploie quelquefois des panneaux en métal; la tôle peinte à 3 couches donne d'excellents résultats.

Les escaliers sont en fer et bois. La marche revient à 12f.00 tout compris.

MAISON JAPONAISE
Élévation à 0m.01 d'une maison d'artisan

Prix au Japon 500f.

Les fondations sont faites avec des pierres taillées grossièrement.

On dispose une carcasse en bois, on perce les poteaux de trous pour y mettre des bambous de façon à former deux clayonnages qui enduits de chaque côté donnent un mur creux.

La chaux étant très rare, on fait généralement les enduits en terre.

La couverture est faite en bardeaux, on emploie aussi la tuile en S et des bambous.

La façade sur la rue est en partie ouverte, elle est fermée le soir avec des planches renfermées le jour dans l'armoire A.

Plan du Rez-de-Chaussée à 0.01

Un auvent B protège l'entrée.

Le sol de l'atelier est nu. Le parquet de la chambre est formé de planches à peine dégrossies, cela n'offre aucun inconvénient, car les Japonais les plus pauvres se servent de tapis pour couvrir entièrement les planchers.

Les cloisons intérieures mobiles sont des grillages en bois recouverts de papier.

Les murs sont clos à partir de 2m du sol par un grillage en bois plus ou moins richement travaillé, qui n'intercepte nullement le bruit de la rue. L'emploi du verre commence à se répandre au Japon.

Les renseignements ont été extraits d'un travail très intéressant de M. Pellegrin (Ingr à Tokio)